平和祈願

天と地の狭間を生きる

鞠安日出子
MARIA HIDEKO

毎日新聞出版

まえがき

私は、一九八六年からいくつかの書き物を書いた。「神さまへの手紙」（一九八六年〜一九八八年）、「告白・半生記」（一九八九年）、「あなたへの手紙」（一九九〇年）、「信仰宣言」（一九九二年）、「神さま賛美」（一九九五年）、「主の在《お》わす」（一九九六年）、「神さま感謝」（一九九八年）、の七つの書き物である。これらの書き物は、全てある日突然、何かに促されるような形で書き始められ、書き終えられたものである。プライベートな箇所も多く日記風なものであり、人様に見せるものではないと思っていた。一九九二年に「信仰宣言」を書き始めた頃から、私は、それまで世に隠し続けていた私の心底にあるキリスト教信仰から、もはや逃げきれるものではないことを悟り始めていた。生まれた瞬間から、信仰の塊のような人間として生まれさせられたことを悟り始めていたのであった。これらの書き物を世に知らせ、私の内面をさらけ出すことに何の躊躇《ためら》いもなくなり、そうすることがこの世での私の使命のような気持ちになっていったのであった。そして、これらの書き物を編集しなおして、二〇一三年までに七冊の本として出版した。

その後もいくつかの書き物を書いていた。二〇二二年二月、ロシアのウクライナ侵攻が始まり、あまりの心の痛みに、心を鎮めるために五〇〇首近い短歌を作った。四五〇首の歌に纏めて「平和祈願」の小冊子にした。一九九九年に「告白・半生記」「あなたへの手紙」「神さま賛美」「神さま感謝」を纏めて、「光の中を歩んで」の本にして半生記として出版したが、あれから三十年以上も生きてしまった。二〇〇〇年以降に書いた書き物も多いので、「平和祈願」にこれらの書き物も加えて、八十三歳になった今、人生の回想録として纏めておきたいと思うようになった。あと何年生きられるかわからない人生だから、こんな生き方もあることを皆さんに知っていただきたいと思うようになったのである。

この本は、以前出版した本と重複している箇所も多い。八十歳過ぎてから特に、〝私の人生は、天（神の国）と地（現世）を行き来していたような人生であった〟と述懐するようになった。ほとんど本を読まない私の、この世での日常生活から生まれた書き物であるから、学術的な研究をしておられる方々には訝しがられる点もあるかと思う。信仰人間であるように命をもらった人間の、つぶやき文であると思って読んでいただけたらと思う。

人間は、限りなく計り知れない〝善〟（崇高への希求）と、底知れない〝悪〟（原罪・欲望）とを併せ持った生物として創造された。そのことを知って、全ての人々が、人間だけが持っている限りない善に向かって生きられますように、と願って止まない。

二〇二三年五月二十八日　（聖霊降臨の主日）

鞠安日出子

もくじ

第一部　平和祈願

『聖母（ウラディーミル）』

一　短歌

平和祈願

1　平和祈願

二〇二二年二月二十四日　ロシア軍、ウクライナ侵攻に心痛んで

二月二十四日、ロシア軍がウクライナに侵攻した報道に大変心痛んだ。

特に私はイコンを描いており、ロシアにもウクライナにも親しみを持っていた。ロシアには二度行ったことがあり、二度目はモスクワの一般家庭に一か月間ほど宿泊させていただいた。その間イコン画家ソコロフさんの案内で、ロシア中の主なイコンを見ることができイコンを学ばせてもらった。

ウクライナには行ったことがなかったが、日本人が好むウラディーミルの「聖母」は私の最も好むイコンの一つだった。このイコンはコンスタンチノープルで描かれ、何回も奇跡を起こしたと言われ、キーウ、ロシアのウラディーミルと移され、ソ連時代にモスクワのトレチャコフ美術館に置かれたことが知られていた。モスクワ滞在中、何日も美術館に通い、この「聖母」の前にたたずんでいたものだ。私の二度目のロシア訪問はソビエト連邦が崩壊して数年後の一九九七年だった。この時この「聖母」は間もなく美術館近くの聖ニコライ教会に移されるとの話を聞いていた。現在は、美術館でなく聖ニコライ教会に収められているという。

余談だが、ある日、私がこの「聖母」の前で見入っていると、突然、後ろからお尻を蹴飛ばされた。「聖母」が飾られた部屋はさほど広くはなく、そこには私と東方キリスト教ロシア教会のシスターらしい方が居るだけであった。私はびっくりして「聖母」の前から飛びのいたが、その後シスターは何事も無かったかのように、聖母の前にひざまずいて祈り始めたのだった。このことで、私はロシア人にとってこの「聖母」がどれほど大切なものかを思い知らされた。私が「聖母」の前でただ立っているだけのことが気に入らず、邪魔だったのだろう。聞けば、この「聖母」でお祈りをするだけのためにロシア国中から訪れる人も多いとのことだった。モスクワに数日間滞在して美術館開館と同時に入館し、閉館までこの「聖母」の前で祈り続ける人もいるとお聞きした。

このような思い出もあり、イコンを描いている私としては、ロシアがウクライナに侵攻することなど思いもよらない深い悲しみというか、深く重い心の痛みであった。ロシア軍ウクライナ侵攻の二月二十四日に描いていた「磔刑」と、描きかけの「キリスト」のイコンを仕上げた後、ウラディーミルの「聖母」を一枚仕上げた。イコンを描くだけでは物足りず、思いきり言葉を吐き出して短歌として綴ることにした。重複もあったので五百首を四百五十首に纏めてみた。お読みいただき戦争の空しさを知っていただけたらと思う。

（二〇二二年五月一日）

＊　＊　＊

二月二十四日

1 悲しきは戦争始まる報ありて　人世の罪の深さを思う
2 ため息の　ため息の出るこの報に　世には戦争好む者あり
3 理由なくネオナチだと攻め込んで　戦争始める人の愚かさ
4 人間は戦うために生まれたか　攻め入る者の心を覗く
5 ヒトラーと同じ気持ちの侵攻者　独りよがりの思いで動く
6 人間は平和保つは退屈か　戦争始めて気を晴らすなり
7 人間の深奥に在る悪を見る　戦わずにはおられぬ人間
8 叫んでも　叫んでも繰り返しおる　戦争歴史　人間歴史
9 ただ深く祈って想う　人間の悪に傾く愚かさを
10 どうか主よ　この人間の愚かさを赦し給えと祈るのみなり
11 どうか主よ　この人間の愚かさを我の祈りに免じて赦せ
12 わが胸を叩いて届くかこの祈り　終わらせ給へこの戦《いくさ》
13 悲しみはただ自己愛だけの人　強者になりて人を操る

14 そうは言う我も強者に成りたがる　原罪持てる生の悲しみ

15 戦争が早く終れと痛む胸　胸の痛さを神に届けん

三月〇日

16 暗殺を屁とも思わぬ指導者が　この世にはびこることの空しさ

17 国追われ彷徨《さまよ》う人の苦しさを　映像で見ることの苦しさ

18 もし我に力あるならジャンヌ・ダルク　如く起《た》ちたい終戦の為

19 ヒトラーの如く狂いし独裁者　心覗きて我涙する

20 協調で生き得ぬ人の深奥に　潜む悪魔を一掃したし

21 どうか主よ　自称強者に潜む魔を　除きて地球守り給へや

22 人間は戦わなくては生きられぬ　この世の罪を赦し給へや

23 強者だと核ちらつかせて迫りくる　強者の愚か　強者のおごり

24 強がりの仮面の奥に見え隠れ　する哀れなる独裁の顔

25 独裁者一人の国と思い込み　裸の王になるは悲しき

26 宇宙から眺める地球揺れ動き　神の嘆きの極に至るや

27 どうか主よ　地球滅ぼすことなかれ　強気の核で脅す者いる

28 血の海にさせて喜ぶ独裁者　この世でただに哀れなる者
29 核の玉　投げると脅す独裁者　神の嘆きが届くは皆無

30 残雪を分けて覗いた土塊《つちくれ》に　戦《いくさ》知らずの福寿草咲く
31 雪解けの川の流れに沿い行けば　戦《たたか》い遠くねこやなぎ花
32 戦争を知るか知らぬか桜花　つぼみほころび今咲かんとす
33 戦争とオミクロン株この地球　涙にくれて春の過ぎ行く

三月二十九日

34 早朝に目覚めて想う終戦を　神に頼みて祈りおるなり
35 人間の戦い好きを嘆きつつ　目覚めは神と共にありけり
36 侵略にうつ伏して泣き祈る　強きが弱きを潰す戦い
37 戦争で地球が揺れるこの姿　見つめる主の眼に涙あふれる
38 どのような理由があれど攻め入るは　神の嘆きの極限なりき
39 侵略の国の主教が侵攻を　称賛するは如何なる宗教
40 大熊が蜂の住処を食い荒らす　神の嘆きの侵略の様

41 散り散りに逃げる民衆痛ましく　神の嘆きの尽きることなし

42 人間の深きに潜む戦《いく》さ欲　誰が除ける神のみぞ知る

43 憎まれるプーチンさんも人間で　この世の人であるの淋しき

44 この世をば法で動かす以外なし　主の望まれる叡智の法で

45 独裁の胸三寸の侵攻に　ただ哀れなる民の生命《いのち》よ

46 独裁の胸三寸で起こり得る　核の脅威を主に祈るのみ

47 戦争に疫病地震災害と　この世の歴史繰り返すなり

48 独裁の愚かな知恵で侵略す　見つめる神の怒り如何なる

49 泣きじゃくり歩く難民迷い子の　映像を見て伏せて泣くなり

50 何故にこの迷い子作り殺人す　ああ戦争の憎きや憎き

51 ウクライナ惨状映像繰り返す　人間破滅の予兆秘めるか

52 現代の戦争すべてハイブリッド　時代は変わる時代は進む

53 戦争はプロパガンダの情報戦　嘘のつき合い平和は遠い

54 戦争とコロナで暗い世の中を　涙で見つめる神の居られる

55 ああ神よ　酷《むご》いこの世の惨状は　ただ人間の愚かさの故

56　生物で人間だけの特権の　自由平等人権いずこ
57　世界中巻き込まれたる戦争で　地球はもはや一粒の豆
58　豆上で〝我の領土〟と侵略す　この哀れなる小さき思想
59　豆になり宇宙彷徨《さまよ》うこの地球　神のみぞ知る地球の破滅
60　この世をばノアの世紀に成りにけり　焼き尽くされて再生すなり
61　神の国忘れた人間　神怒り　ノアの箱舟誰に託すや
62　何もかも焼き尽くされてなお残す　いつか芽生える二葉の希望

プーチン氏病気説あり

三月中、政治面だけではなく、このような暴挙を始めたプーチン大統領の精神状態まで憶測する多くの報道がなされていた。私も初めはプーチン氏が理性を失ったのではないかとさえ思った。が、プーチン氏は精神病になったのではなく、充分に理性を保っていると思われた。この戦争がロシア国民の戦争ではなくプーチン氏一人の思想からくる戦争であることが報道されるようになってきた。私はその事に関心を持った。この戦争に対する世界の政治的指導者たちの動きが刻々と伝えられ、また経済の動きも急変した。それらも大きな関心事ではあったが、それよりも、プーチン氏の映像からだけだったが、彼の深奥にある彼の人格の核のようなものを感じ、それによって人間の持つ逃れられない原罪を覗き見るような感じがして、非常に心苦しく悲しかった。

プーチン氏はクリミア半島侵略の後、世界や特に西側の政治家から警戒されて疎外され、親しく話せる政治家が一人もいなくなってしまったとのことだ。加えてコロナ禍でどの国も鎖国状態になり、ロシアのコロナ禍対策は必ずしも成功していなかったとの状態の中で、プーチン氏自身が甲状腺癌だとかパーキンソン病だとかの報道もあった。プーチン氏は疑心暗鬼から最も近い部下でさえ信用できずに、その部下を監視する部下までを置いたとの報道もあった。

これらの報道の全てが真実であるかは分からないが、このように疎外された孤独な精神状態の中では、人は護身のために極端な疑心暗鬼に陥り何かに縋《すが》りつきたくなるものだ。プーチン氏は長い年月をかけて次々と法律を改正し権力を自分に集中させて、大統領である自分をロシアにおけるほとんど〝独裁者〟と呼べる程の権力者にしてしまった。だからこそ、プーチン氏がこの孤独の中でロシアの思想家アレクサンドル・ドゥーギン氏の「地政学の基礎」を熟読して、その思想に傾いて共鳴していったのは当然だったのかも知れない。私はプーチン氏の生い立ちや経歴を研究したりこの本を読んだりしたわけではないが、この本はロシア人、ウクライナ人、ベラルーシ人は同民族であり、結論は〝ソ連帝国を取り戻さなくてはならない〟との〝ロシア世界〟の思想が書いてある本ということだ。

加えて、プーチン氏の朋友と言われる東方キリスト教ロシア教会のキリル総主教も、この思想を強く支持していると聞く。非常に信仰心が強いと言われるプーチン氏が、大統領というよりほとんど独裁者と呼べるほどの権力を持った自信もあり、宗教の後ろ盾もあり、彼にとっては理想だと思われるこの思想こそ実現しなければならない、と判断が確信に変わっていったのではないかとも思われてくる。

人間は、疎外され孤独になり動きが取れなくなると、こんな風に自分に都合のよい理論を確信してその方向に突っ走る傾向があると思う。プーチン氏は本気で、〝よし、ソ連帝国を取り戻しロシア民族を救い出さなくてはならない、クリミアを取ったが世界は黙認した。自分なら出来る〟と確信してしまったのかもしれない。恐怖のあまり部下たちはプーチン氏に都合の良い虚偽の報告ばかりをし、密閉された部屋の中で世界情勢を正しくは把握できないままに、間違った正義感と宗教心で戦争突入をしてしまったプーチン氏を哀れにさえ思えてきてしまうのだ。

振り上げた手を降ろすことも出来ずに、ますます意固地になっていつまでも戦争を終わらせない理不尽で非人道的な行いをするプーチン氏を、今は誰も止めることは出来ない。
（五月三日）

三月〇日

63　大部屋の豪華な椅子に独り座す　独裁の眼に見える空しさ
64　独裁の王様一人座る部屋　何故か遠くに部下を座らす
65　独裁は疑心暗鬼を募らせて　孤独の狂気作りだすなり
66　暗殺で解決をする独裁者　疑心暗鬼で次々殺す
67　独裁の恐怖に慄《おのの》く側近は　真実隠して独裁たてる
68　宗教や愛国心を楯に取り　プーチン始めた大戦争
69　プーチンは己を正義と確信す　思い込みたる人の哀れさ
70　クリミアで勝ったと思うプーチンさん　除け者にされ孤独なり
71　コロナ禍の恐怖で人と会わずして　プーチンさんは孤独なり
72　コロナ禍と政治世界で除け者に　心の不安極限になり
73　コロナ禍のプーチンさんの閉塞は　極限になり戦争起こす
74　閉塞は孤独生まれて判断鈍る　分からぬままに爆発をする

75 独裁の心に潜む孤独感　ついに爆発戦争突入

76 独裁が孤立になるの恐ろしさ　恐怖募りて　暴君になる

77 誰でもが恐怖に心狂わせて　疑心暗鬼の塊になる

78 極限の恐怖は人を狂わせて　自己防衛の塊になる

79 極限の恐怖のあまり突進し　自己を誇示して自滅に走る

80 コロナ禍の恐怖で疑心暗鬼なり　戦争始めて心落ち着く

81 プーチンの心底に在る憎しみは　孤独からきた疑心暗鬼か

82 プーチンの心底に在る憎しみは　孤独からきた権力欲か

83 生い立ちが独裁プーチン創ったか　彼のＤＮＡにある本性か

84 初めから戦い好きで生まれたか　神のみぞ知る彼の本性

85 神の愛　深き愛にて育《はぐく》めば　あるいは別のプーチンの居た

86 知恵のない子供が駄々をこねるよう　ただ暴力を振り回す

87 反抗期　子供が壁を壊すよう　世界相手に暴力を振る

88 プーチンの心底に在る孤独感　覗いてみれば戦争始める

89 プーチンも人の子であり弱き人間　深き慈愛で包み込みたし

90　プーチンの心中にある孤独感　誰か助けん　神のみぞ知る
91　プーチンがもしも私の夫なら「バカね」と言って抱きしめてやる
92　プーチンも人の子であり弱き人　深き慈愛を欲しがっている
93　プーチンや　もういい加減止めなさい　優しく聖母となしている

94　キリストを読み違えたる宗教は　邪教になりて独裁者生む
95　誤った宗教主教に操られ　真理誤る独裁哀れ
96　偽宗教　愛国者なるをけしかけて　侵攻肯定　言葉失う
97　偽宗教　愛国者なるを称賛し　侵攻賛美　言葉失う
98　愛国が偽宗教に結びつき　始める侵功　破滅の始まり
99　愛国と信心に填《は》まる独裁者　固き決意の醜《みにく》さを見る

三月〇日

100　独裁者一人座りて命令す　強がりの裏にただよう哀れ
101　独裁者本性隠し　盲目の民衆操る狡猾さあり
102　民衆はいつの時代も独裁の　悪魔魅力に取り付かれ行く

103　民衆は理性忘れて突き進む　どこに連れられ行くか知らずに

104　人間の愚かさのみが生き残り　歴史創られ語り継がれる

105　いつの世も楽園求めあがけども　辿り着きたる暗黒世界

106　宗教が国の政治に入れ知恵し　戦い勧めるおぞましさかな

107　人間の愚かさ見んと神の目は　ますます開き地球眺める

108　人間の奥に潜める戦いの　欲求ありて独裁者生む

109　人類の全てが非難しようとも　我は正義と独裁者言う

110　人間の深奥に潜む欲望を　悪魔操り独裁者いる

111　この世界これで善いかと問う我に　これが人間　神の答へり

112　皿洗いしつつため息深くあり　我人間であるの淋しさ

113　砲弾は何の罪なき五歳児の　片目を取りて空しく落ちる

114　人間の　ああ欲望の恐ろしさ　義人にも成れる　悪魔にも成れる

115　飼い猫に言って聞かせる空しさよ　この戦争の酷《むご》さ分かるか

116　人生に深く残れる　難民の心の傷を誰が助ける

三月〇日

117　何という愚行であるの　プーチンさん　我もおんなじ人間悲し
118　人間の醜さ見せてプーチンさん　世界の王に成りたい欲望
119　独裁の尽きぬことなき欲望に　地球は沈む沈み行くなり
120　この地球裸の王に翻弄されて　神の嘆きの如何なるものよ
121　これこそが神を離れた人間の　真の姿と見極めんかな
122　欲望で戦い始めた人間に　焼き尽くされる地球になりぬ
123　これでもかこれでもかとの欲深さ　地球壊して満足するか
124　太古から殺し合いつつ歴史を作る　嘆き涙の神の沈黙
125　神見れば　殺戮《さつりく》核を振りかざし　戦っている小さき人間
126　地球上焼き尽くすまで殺し合い　今日降る雨は神の涙か
127　悲しさや　焼き尽くされしあの街の　子らを救える手段のなきか
128　悲しさに机叩いて伏せて泣く　独裁の罪おぞましきかな
129　プーチンに潜む悪魔を追い出せば　プーチン平和　世界も平和

130 盛り上がる春の気配の山肌に　遠く他国の戦争想う
131 軒下に迷いて座る野良猫に　ウクライナ想い心痛める
132 野良猫にウクライナ難民重ねおり　ただただ憂《うれ》う　この世悲しや
133 野良猫に餌あげられぬ悲しさよ　この世に出来ぬことの多かり

134 我が庭につがいの鳩の寄り来たる　仲睦まじく餌を啄む
135 餌まけばつがいの鳩の睦まじく　戦い知らず啄む姿
136 春陽受けもみじ葉赤く芽吹けるも　世の戦いの終わることなし
137 神はこの春の風靡《ふうび》を創りしが　人逆らいて戦い好む
138 春の日のこの世の中の混乱を　眺める神の目に涙あり

四月八日、避難しようと四千人近くが集まっていたクラマトルスク駅に、ロシア軍が【子供へ】と書いたミサイルを落ち込んだ。数十人の死者、負傷者が出た。この攻撃に多くの人々が激怒し悲しんだ。これは、数日前【子供たち】と地面に書かれていたマリウポリの劇場に、子供たちや市民が避難していることを知りながらミサイルを撃ち込んだロシア軍を、世界中が非難したことへの報復ではなかったかとさえ私には思われた。大砲に文字を書くことは戦争ではよくあることだそうだが、ロシア軍は理不尽な最も人道から外れた戦争をしているのだ。
　四月八日のクラマトルスク駅のミサイル攻撃の後、キーウ侵略を諦めたロシア軍はキーウ撤退を始めた。ロシア軍撤退後のキーウ近郊の町ブチャの惨状は目を覆うものがあり、何と表現したらよいか言葉が出ない光景だった。隣の町ボロジャンカもブチャと同じで、アメリカの国務長官が惨状を報告しながら泣いて言葉を詰まらせてしまったほどだった。バラバラ、グチャグチャになった死体が転がるそれらの光景は、映像には映らなくなったが、戦争の悲惨な現状を思い知らされたのである。

（五月三日）

四月八日

139　毎日を戦争放映注視する　目を背けるな　人間本性
140　ウクライナ　この惨状を見つめよう　見つめ尽して人間を知る
141　ため息をつきながら見る残骸は　千人襲ったミサイルの後
142　千人の上に落とすかミサイルを　神と一緒にうつ伏して泣く

143 【子供へ】と書いたミサイル打つ兵士　心覗きて吐き気もよおす
144 ああ神よ　胸打ちて泣くこの暴挙　死体散らばるプラットフォーム
145 ああ神よ　胸打ちて泣く残虐さ　神さまあなたも号泣なさる
146 これ程に酷《むご》き人間その仲間　我も人間なりと悲しむ
147 人間の極限の悪　見極めよ　見開いて見よ　この残虐を
148 見開いて見よこの惨状　人間の心に潜む底無しの悪
149 何万人惨殺《ざんさつ》をして過ぎ去るか　許されざりき　戦争憎し
150 神こそがこの人間の愚かさを　救えるものと思いて祈る
151 神こそがこの人間の愚かさを　深く知り得て十字に架かる
152 ご受難を過ぎ越しイエス世のために　十字に架かるを思い起こせよ

153 目の前で砲弾受けた妻を泣く　首なく胴体あそこに落ちた
154 射殺され捨てて置かれた夫見つけ　瓦礫の中で泣き叫ぶ妻
155 手と足を縛って射殺立ち去った　兵士も人の子であるらむを

四月九日

156 起床して眺める木立の閑《しず》けさに　世界平和を祈りおるなり

157 昇りくる太陽光の鮮明に　奥の木立に行き届きけり

158 微動だにせぬ大木の真っすぐに　天に向きたる閑《しず》かさのあり

159 この平和ここに在るのに　戦《たたか》いの地に送りたし　術なく祈る

160 咲きほこる白木蓮の優しさよ　戦地に届けと祈るのみなり

161 戦いの地に今眠る人々に　無事なる明日が明けますように

162 何回もため息をつき祈りおる　今日こそ戦《いくさ》終わりますよう

163 起床して餌まく鳩に問いかける　今日こそ戦争終結なるや

164 戦争を好むこの世の人々に　涙する神　激怒する神

165 ウクライナとロシアを託す　マリア様　平和祈願の届かんことを

166 何万人殺せばあなたの欲望が　満たされるのか　プーチンさん

167 〝もう止めよ〟言う神さまのその声を　聴いてごらんよ　プーチンさん

168 何と言う大馬鹿なこと始めたの　誰も得にはならない戦争

169 過去にある帝国ロシアの復活を　夢見て起こす戦争哀れ

170 民のため帝国ロシアの復活を　夢見て侵略哀れなるなり

171 郷愁でロシア世界を夢見ても　過去の栄光戻らぬものを

172 過ぎ去った栄光だけで突入し　思想も武器も過去のものなり

173 過去にある帝国ロシア望むなら　領土ではなく平和で望め

174 過ぎ去った帝国望み侵攻し　引くに引かれぬ自己防衛

175 プーチンさん　一人で世界を騒がせて　もう充分でしょう　プーチンさん

176 上げた手を降ろせないのは子供なり　プーチンさんは英雄ですよ

177 放映に顔ない日はないプーチンさん　もう充分にこの世の英雄

178 長引けばますます世界に見放され　あなたの国は滅びに向かう

179 嘘つけばいつかばれると神の声　プロパガンダの民哀れなる

180 情報は民を惑わし独裁の　大きな武器になる戦争

181 日本での二次大戦を思い出す　プロパガンダを民は信じる

182 高揚し「勝つ」と嘯《うそぶ》く隣人を　密かに〝哀れ〟と言いし父おり

183 〝竹やりで勝てるものか〟と呟いた　父の思いを今かみしめる

184 弟の二人戦地に駆り出され　帰るは一人　父の悲しみ

185 終戦で北方領土取られしの　口惜しさ語る父思い出す

186 疎開した二十数人生かさんと　ただがむしゃらに働いた父
187 しみじみと「戦争はしてはいけない」　父の言葉の重さを想う
188 教科書を墨で潰した終戦に　プロパガンダの恐ろしさ知る
189 東京の大空襲とウクライナ　繰り返されてこれが人の世
190 東京の大空襲とウクライナ　重ねて想うことの悲しさ
191 最期には核戦争も厭わずに　広島　長崎あるやも知れず

192 戦争で兵器増大叫ばれて　各国増やす化学兵器を
193 戦争で浮足立って武器欲し　軍事予算の増すばかりなり
194 戦争で競って造る兵器あり　地球は兵器の山で溢れる
195 戦争で核持ちたがる国多く　ますます核を重要視する
196 抑止力と言って核を持ちたがり　地球は核の倉庫となりぬ
197 戦争で兵器溢れる地球上　いつか来るらむ地球の破滅

198 〟もう止せ〟と神さま言うがお互いに　譲れぬ事情あると主張す
199 ああ戦争　終わって欲しい　我が心潰れんばかり祈りおるのに

200 一日に何度ため息つく日々よ　人類の行く末思い泣く
201 人類が繰り返しする戦争に　神の情けの来たらむことを
202 これこそが人間と観て涙する　現代もまた旧約世界
203 どの世にも独裁者出す人類の　歴史変わらず永久《とわ》に続ける
204 宇宙まで旅する時代になりながら　土地取り合いの戦争をする
205 宇宙まで旅する時代になりながら　旧約世界と変わらぬ人間

206 これ程に国と国とが絡み合う　世界纏《まと》めるリーダー出ぬか
207 これ程に国と国とがいがみ合う　世界治めるリーダー出ぬか
208 プーチンの抑制利かない行動を　止め得るリーダー世界に出ぬか

四月十日　ブチャ　ボロジャンカ惨状

209 町中が瓦礫になりてそこここに　死体転がる残虐の後
210 埋葬の終わらぬうちに直ぐ横に　次の遺体の墓穴を掘る
211 数百人死体を埋めて立ち去った　残虐行為許されまじき
212 数えればますます増える死体数　何万人に成りにけるかも

213 板切れの十字架建てて地に伏して　戦死息子の墓抱《いだ》く母
214 自転車で通る市民を狙い撃ち　雄叫び上げるロシア兵
215 後ろ手に縛りて前から撃つ兵士　見せしめと言いせせら笑いし
216 掠奪に来たロシア兵目の前で　妻をレイプし夫を殺す
217 隣人の家に連れられレイプされ　残りし夫銃で撃たれし
218 十五歳　路上でレイプの妹を　助けられなく泣く姉のいる
219 十数人　女《おんな》子供を地下に閉め　次々レイプ子供の前で
220 残虐を尽し尽して立ち去った　鬼畜人間　兵を裁けよ
221 神さまに申し上げます　この惨状　裁いて欲しい心ゆくまで

222 神の泣く　この世の人の戦争を　我も泣くなり　我は人なり
223 戦いは繰り返し来る　人間の神に背ける哀れなる知恵
224 闘争はＤＮＡに組み込まれ　世の戦《たたか》いの終わることなし
225 闘争はＤＮＡに組み込まれ　太古と同じ人の愚かさ
226 ＡＩの世界になりて　ますますに争い多き世に成りにけり
227 ＡＩで戦う世界殺人は　全て無人の最新兵器

228 宇宙から撮れる写真で敵を知る　確実に撃つ無人の兵器
229 戦いは無人の兵器飛んでいき　何百万の人を殺傷
230 武器だけが進みこの世の人心は　太古と同じ戦争の好き
231 欲を捨て慎ましくあれ神の子ら　お前の悪《あ》しき欲を捨て去れ

四月十一日

232 今日もまた戦争ニュースで起床する　悲しきこの世の春は過ぎ行く
233 殺人は錯乱になり爆発す　狂気になりて殺戮《さつりく》になる
234 ああ神よ　世の混乱を鎮めよと　ひれ伏し頼む我ここにあり
235 願わくは　独裁の心鎮めて終わらせ給へ　この戦《たたか》いを

236 映像は夫殺され叫ぶ妻　叫び続けよ　神の聴くらん
237 歴史上最も酷《むご》い戦場に　神の怒りの如何なるものか
238 建物と戦車の残骸るいるいと　戦い後の惨状の様
239 世界中　地獄にさせて尚もまだ　戦い望む侵略者なり
240 世界中　自分勝手に我が国を　守ると言って殺し合うなり

241 人間の悪《あ》しき本性見せつけて　いつまで続く殺人ごっこ
242 破壊され尽した瓦礫その中に　転がる死体　これが戦争
243 残骸の山をかき分け　横たわる死体数えることの空しさ
244 戦争のこの惨状をよく見よと　怒りの神の声の聴こえる

245 譲り合い共に生きれば平和なり　秩序守れば世界は平和
246 戦争がありて見えくる世の平和　確《し》かと見つめん　この惨状を
247 戦争がありて初めて見えてくる　世界平和の尊さを知る
248 人間を虫けら如く殺戮《さつりく》し　擦りつけ合う責任空し
249 双方で嘘の情報取り交わし　死体積み上げ終わらぬ戦争
250 双方で愛国心を叫び合い　長引く戦《いくさ》　死体は積もる
251 双方に事情はあれど戦争は　してはならない最悪の罪
252 侵略はしてはいけない　理由なく死体の山を積むばかりなり

253 姉《あね》さまよ　この戦争を知らずして　逝ったあなたは幸福なりき
254 我が夫　この戦争を知らずして　天国に逝きもはや平安

255　二人してこの戦争の愚かさを　神さまに告げ　とりなし給へ

256　話し合い無くて侵略始めるは　ただただ悪の極限なりき
257　侵略で世界の騒ぐこの春は　暗雲低くこの世は沈む
258　災害で苦しむ人の哀れなる　まして戦争人災なりき
259　戦争は地獄であると人の言う　生きた人間造った地獄
260　今世紀最大悪の指導者も　人間であることの悲しき

四月十二日

261　人間に潜む攻撃心《こうげきしん》見れば　護身の武器も必要になり
262　人間に潜む悪魔の攻撃心　隙あればすぐに攻め込む
263　護身用武器は要らぬと言うなかれ　言葉で話す武器もあるなり
264　鉄でなく言葉で話す武器あるも　これが出来ぬが人間本性
265　国守る武器持つことは許されど　多く望むな　神の言う
266　国守る武器持つことは許されど　核持つことは許されぬなり
267　世界中　核を欲しがり核持てば　いずれは核の戦争になる

268　核持てば疑心暗鬼の深まりて　抑止力なる緊張増える
269　世界中　核を持ち得て戦えば　直ぐに地球の破滅現る
270　核落ちて真っ黒地球になった時　地球は滅び人間滅ぶ

271　戦争の無い国に居る幸せを　心に刻み世に語り継げ
272　終戦を祈りて描くイコン絵の　キリストの顔鋭くなりぬ
273　起床して直ぐに飛び込む放映に　戦争終結祈る日々なり
274　どうか主よ　指導者たちに知恵与え　早く戦争終わらせ給へ
275　ＩＴの地球ビジネス入り組んで　仲良くせねば地球滅びる
276　不可侵の条約守りお互いを　生かし平和であれと神言う
277　侵略は最も深き罪なるを　気づいて欲しいプーチンさんに
278　プーチンさん　疎外の果てに戦争し　ますます疎外に追い込まれいく

279　聖週間　神さま想うこの週も　コロナと戦争苦しき日々よ
280　穏やかな春の桜の日々なれど　心は重く戦地を想う
281　春告げるうぐいすの鳴く朝にあり　心重きは戦地の映像

282 春の日のうぐいす鳴ける長閑《のどか》さに　かの地の戦《いくさ》想いて泣ける

283 春告げるうぐいすの声閑《しず》けくも　戦地想いて心重かり

284 春の花乱れて咲ける我が庭に　立ちて想うはかの地の戦《いくさ》

285 奥深き山に入りて閑《しず》けさに　戦地想いて泣きくれるなり

286 山道を登りて見つけし山桜　戦争知らず楚々と咲くなり

287 今朝もまた　神さま閑《しず》かに眺むれば　戦い　疫病　地球の姿

288 ああ神よ　戦い好む人間に　怒りではなく慈愛与えよ

289 ああ神よ　我の嘆きの大きさを　汲みとり給へ　慈愛の内に

四月十三日

290 神の声　聞こえぬ独裁その先に　ある哀れなる自滅の姿

291 人類は独裁人間産み出して　繰り返しては歴史を作る

292 人類を救う手立てはないものと　神　涙流して嘆きおるなり

293 神想う　今こそノアの箱舟を　出したくもあり慈愛残して

294 今度こそ人類滅ぼす箱舟に　残る義の人居るや居らんや

295 この世にて誰が残るかこの箱舟に　全て滅ぼしたくも思える

296 動物という人間の愚かさを　見せて戦《いくさ》の止まらぬこの世

297 春うらら桜満開窓にあり　戦争映像見るは悲しき

298 春うらら桜満開　映像は　道に放置の数多の死体

299 映像は桜便りのすぐ後に　戦争実況悲しき世なり

300 映像は日本の桜美しく　続けて死体の山の戦場

301 今日もまた戦争ニュース聞きながら　桜の花の散るを眺むる

四月十四日

302 外交は戦争回避が全てなり　識者語りしことの真なり

303 政治家に誰か居ないか独裁の　心変え得る叡智の主《ぬし》が

304 世界中よってたかって暴君を　追い詰めたとてますます意固地

305 追い詰めて人の心の変わること　無しがこの世の常なる定め

306 強き風吹きつけたとて独裁は　マントを固く締めるのみなり

307 太陽の強く優しい光にて　心を溶かす指導者出ぬか

308 独裁に言い負かされて退けば　戦い続き終わることなし

309 独裁に勝ちを与えて放置せば　増長するは目に見えており

310 各国が平和に暮らす条約を　壊した者に　神　制裁す

311 愛　持ちて　神の叡智で説き明かす　強い政治家出んを欲する

312 愛　持ちて　神の叡智の政治なら　悪の心もいつか解けるや

313 命まで投げる覚悟の政治家を　欲しいと言うは夢物語

314 経済が絡む政治が横行し　ただに自国の保身を謀《はか》る

315 人間の心底にある原罪に　操られ生き戦《たたか》い止まず

316 これこそが人間なりと言うなかれ　光を歩む人間もいる

317 永遠に変わることなき人間を　ただ沈黙の神が見守る

318 道行けば春の小さき花の咲く　この地の平和戦地に送れ

319 楚々として白木蓮の咲きたるに　戦地想いて涙するなり

320 この地には白木蓮の咲く平和　早き終戦祈るのみなり

321 映像を見てはため息　戦争の惨《むご》たらしさに涙するのみ

322 人間はかく残忍になれるもの　暴君再来繰り返すなり

323 人間はかく残忍になれるもの　暴君大帝今世にあり
324 第三次戦争開始ちらつかせ　脅す暴君今世に居り
325 次世にも別の暴君現れて　歴史を作ることもあるらむ
326 次世には暴君許すことなかれ　神に還るを切に願わん
327 人類の務めは神に還ること　神のご意志を確《し》かと受け止め
328 核兵器造る知恵ある人間は　神に還らん知恵もあるらむ
329 欲出さず他者を侵さず安らかに　己が場所で静かに生きよ

四月十五日

330 目の前で夫撃たれし妻の泣く　この残酷を世々に伝えよ
331 残酷さ　これ人間かと問うてみる　人類と言う動物人間
332 人間の回心願うイエスさま　決意で進む受難の日々を
333 泣きぬれてイエスの光輪描き終え　戦争終結ただ祈るのみ

334 プーチンの目にふとよぎる空しさを　主は確実に感じおるなり
335 これ程に嘘を固めて戦えば　いずれ自滅の独裁者なり

336 どれ程に嘘と判りておろうとも　強情通す政治の世界
337 世界中　政治経済入り込んで　引くに引かれぬ戦争ごっこ
338 ますますに地球小さく成りきたり　領土取り合う戦《たたか》い空し
339 欲望が一人歩きの独裁者　心に思うことの卑しさ
340 空しくて寂し悲しのプーチンさん　神在ることを誰か教えん

341 変身で天使になりて飛んで行き　プーチンの目を覚ましてみたい
342 「化けて行き　プーチンさんの目を覚ませ」　我が黒猫に言ってみる

四月十六日

343 今朝もまた酷《むご》い戦地の放映に　泣けては祈るひれ伏し祈る
344 人間の深奥にある好戦《こうせん》は　抑えつければ爆発をする
345 人間の深奥にある好戦《こうせん》を　避けるはただに光見ること
346 人間の深奥にある好戦《こうせん》は　取り去ることの出来ぬ原罪
347 人間の深奥にある好戦《こうせん》と　戦うはまず個々人であり
348 個々人が持てる己の好戦《こうせん》に　気づいて神に還らんことを

349 己知り神を見つけしリーダーが　世界動かし治めてほしい

350 訓練と言って始めた戦争ごっこ　ついに本気で戦争開始

351 うつろ目のプーチンさんは変容し　目つき鋭く戦争決意

352 戦争を決めたプーチン目は光り　今度は勝つと胸を張るなり

353 部下たちが虚偽報告をするほどに　恐怖与える独裁者

354 部下たちの虚偽報告に激怒して　殺すまでするプーチンさん

355 独裁者　我が身を守るだけのため　他人の命握って潰す

356 戦争は本格化して長引いて　世界騒がせ世界を潰す

357 プーチンを信じる人の恐ろしさ　プロパガンダの恐ろしさかな

358 勝つまでは止められないと豪語して　死体を積んでほくそ笑む人

359 世界中我が事ばかり考えて　戦争止める人の無くなり

360 プロパガンダ信じる事が人間の　知恵であったか　神の嘆ける

361 強権を持てば人間必ずに　殺人までに突き進むなり

362 強権を平和の為に使用する　神の使いのリーダー居ぬか

363 権力を一人に集中する政治　悪徳政治に突き進むなり

364 なぜ故に人を殺して領土取る　大義名分空しきものよ

365　欲望は自己の命を守るため　他者の命は虫けら同様
366　世界中殺戮《さつりく》をして生き残り　地球で一人生き残るのか
367　苦しいね　人間すること悲しいね　殺人ごっこの戦争いやね

368　宗教と政治一致は恐ろしい　真の宗教そこにあらずや
369　宗教と政治分離は鉄則で　個々に働き平和を創る
370　宗教と政治互いに主に倣い　世界平和を成し遂げるなり
371　東方ロシア主教様　虐殺が真のあなたの宗教ですか
372　宗教に違いはあれど　どの宗教も「殺すなかれ」が普遍の真理
373　神さまは　神を外れたプーチンに　我に還れと嘆き悲しむ

四月十八日

374　毎日を泣いて起床す　神よ　何故　この残忍を我に見せるや
375　この地球ただの一人の独裁に　乗っ取られおり地獄図模様
376　独裁者　たった一人に乗っ取られ　地獄図模様の世界地図
377　ＩＴの現代社会に独裁者　蔓延《はびこ》り平和壊そうとする

378 動物の仲間で動物本能を　露わに戦う　これが人間

379 人間が生きるは全て戦いで　主はその内に愛も与へり

380 特別な主の愛与え動物を　統治するべく人間創り

381 人間は動物であり　鬼畜にも　神に近づく自由も持てる

382 主の愛の理解を深め　欲を捨て　身の丈姿で生きるが平和

383 殺人者　悪魔　悪人　人でなし　何とでも言え　嘯《うそぶ》く独裁

384 譲れない事情もあろう　でも尚に　してはいけない侵略だけは

385 他者否定　何があっても自己肯定　侵略続けるプーチンさん

386 他者否定　何があっても正当化　侵略続けるプーチン思想

387 いずこからこの頑《かたく》なさ学んだか　プーチンさんの生い立ち想う

388 生い立ちでだけでは測れぬ人間の　悪へ傾く傾向想う

389 原罪を持ちて生れし人間は　悪へ傾く傾向強し

390 神さまの愛行うは易《やす》からず　悪に走るは易《やす》きことなり

391 悔しいよ　殺すなかれよ　プーチンさん　今この瞬間も死者の重なる

392 どうか主よ　胸つぶされて祈ります　除き給へよ　戦いの日を

四月十九日

393 お互いにフェイクと言って責任を　擦り付け合う　これが戦争
394 ヒトラーと同じ行動する者が　ナチス退治と殺戮をする
395 もう一度繰り返し問う神さまに　これが人間　人間ですね
396 人間であること淋し　悲しくて　こぶし叩いてひれ伏して泣く
397 去りたしは　この忌まわしき人の世を　天に昇りて主に会いたしや
398 独裁者　弱者を殺す有様を　神に告げよう　観てくださいと
399 災害は自然が壊す　戦争は人が壊すは論外であり

400 片思いされても困るウクライナ　殺して奪い乗っ取るロシア
401 身勝手にあなたは僕の妻と言い　力任せに奪えば犯罪
402 人間は自由に生きる権利あり　相手敬い平和に暮らす
403 個々人も国と国とも同じこと　殺すまでして自己を通すな
404 個々人も国と国とも同じこと　他国に侵略するは犯罪
405 戦争は人の心を荒廃し　人間変身鬼畜にさせる

406　戦争はグローバル化の経済を　混乱させて秩序を乱す
407　戦争は心の奥の闘争心　爆発させて残虐になる
408　侵略《しんりゃく》　殺戮《さつりく》　虐殺《ぎゃくさつ》　掠奪《りゃくだつ》　レイプ　人身売買　戦争が生む言葉

409　戦争をして文明が壊されて　新文明に塗り替えられる
410　戦争で新文明が来るけれど　永久《とわ》に変わらぬ罪持つ人間
411　独裁の思想を変えるＡＩが　出来るを願うは夢物語
412　動物のままで戦う人間の　本能を見る侵略戦争
413　人間が闘い好きは判ってる　でも侵略は許されぬこと

四月二十日

414　人間が生きるは常に戦いで　だからこそ主は愛を与えり
415　選ばれし人間のみが　特別に主の真の愛持つにはあらず
416　誰でもが主に近づくの訓練で　主は必ずに愛を持たせる
417　それ故に　人　動物に成り下がり　戦いのみで生きるは愚か
418　主の愛の理解を深め欲を捨て　身の丈姿で生きるを望む

419 戦争は人の醜《みにく》さ顕わにし　だからこそ在る神さまの愛
420 この世をば神が無ければ戦《たたか》いの　蔓延《まんえん》ばかりで救うものなし

421 プーチンさん　何があっても否定して　正当化して戦争をする
422 プーチンさん　国民までを人質に　戦争勝っても後が怖いよ
423 プーチンさん　あなたの事情もあるだろう　してはいけない侵略だけは
424 ウクライナ　ロシア双方事情あり　引くに引かれず戦《いくさ》長引く

425 侵攻を始める前にちょっと待て　勝利確信するは愚かよ
426 戦争の勝利確信　始めてみたが　弱者抵抗　死をも恐れず
427 知るべきは侮《あなど》ることの愚かさよ　弱者も時に強者に変わる
428 戦争は人の心を刺激して　浮足立って世界を襲う
429 核兵器ロシアの脅し屈せずに　リーダーたちの熟慮を願う
430 プーチンの脅し言葉に動ぜずに　良き終結の模索を願う
431 プーチンに翻弄されず時まてば　必ずや来るその時が
432 熟慮して深く静かに行えば　必ず道は開けくるなり

433 世界中　政治経済絡まって　保身を図ることの無かれや
434 神は言う　人間はこの愚かさを　やるだけやって気持ち静める
435 戦争とコロナと災害押し寄せて　それでも生きる　生き延びるなり
436 神に聴く　この人間の愚かさを　水攻めにして滅ぼさんかと
437 滅ぼして滅ぼしつくし止める時　誰が受け取る再生二葉
438 人間の愚かさを見て我もまた　全人類と共に滅びん

439 戦場で撃たれた者の魂か　桜の花の散りしきるなり
440 戦場の瓦礫の如く土覆う　桜の花の散り積もりおる
441 戦死者の上に桜の散りそそぐ　見得てこの地の春は過ぎ行く

442 「戦争は嫌ね」と言えば若人は「何の戦争？」と問うも悲しき
443 のほほんと暮らす日本のこの平和　ただ戦争の無きの故なり
444 戦争はいつ起きるとも知らぬこと　常に備えよ　平和の為に
445 油断せず戦争回避模索して　真摯に生きよ　叡知を持って
446 若者よ　ああ戦場に行くなかれ　粗末にするな汝の命

447　人類よ　ああ戦争をするなかれ　命の重さ思い起こせよ

448　人類よ　ああ戦争を食い止めよ　汝の知恵をフルに生かせよ

449　疫病と併せて起きた戦争を　確《し》かと覚えよ　二十一世紀

450　疫病と併せて起きた戦争を　確《し》かと伝えよ　来たる世紀に

＊　＊　＊

五月七日現在、ロシア軍の侵略はいつ終わるとも分からず、ますます激戦が続いている。四月十日、キーウから撤退したロシア軍はウクライナ東部に移動して、ウクライナ東部をロシアの支配下にしようとマリウポリ市のアゾフスターリ製鉄所に猛攻撃をかけている。マリウポリ市の惨状はブチャやボロジャンカ以上の有り様で、市全体が消えてしまった状態ということだ。この戦争がどのように進展しどのように終結するか、今は誰も言い得ることは出来ない。ただ言えることは、プーチン氏一人が始めたプーチン氏の戦争で、彼が〝止める〟と言うまでは終わらない戦争ということだ。彼の固い決意でこの戦争はまだ当分は続くことになるのだろう。いずれこの戦争が終結した時、歴史家達がこの戦争の全容を詳細に明らかにしてくれるに違いない。私はただ、ただ、【戦争が早く終わって欲しい】と平和のために毎日を祈るのみだ。

ここ一か月間だけでも、この戦争の報道だけではなくスリランカ財政悪化、イスラエルとパレスチナの問題、アフガニスタン情勢、ペルーの混乱など、世界中に問題の無い国はなく、その他、地震や水害、干ばつ、山火事、自然災害なども途切れることがなく、本当に地球が揺れ動いているような悲惨な報道が日々続いている。二年半前に始まったコロナ禍の報道は、コロナとどのように付き合うかの予想が多少立てられるようになったこともあり、少しは落ち着いてきた。人間はいま遭遇している災難よりももっと大きな災難に遭遇すると、すぐに前の災難を忘れてそれに向かって突進するものだ。ロシアの侵略で苦しんでいるウクライナの人々はもちろん、世界にはさまざまな原因で苦しんでいる多くの人々がいる。自然災害は環境破壊をしてきた人間が原因のことも多々ある。しかし、戦争は人間が故意に作った殺し合いだ。これだけは人間自身で食い止《と》めなければならない。絶対に何としてでも食い止めなければならないことだ。

世界中で苦しんでいる人々のために、神さまのご加護がありますように、
世界中に平和がきますように、切にお祈りしている。

451　どうか主よ　平和溢れるこの世をば与えたまえと祈り願わん

（五月七日）

2　「平和祈願」が出来るまで

（二〇二二年五月二十五日）

二月二十四日、ロシアがウクライナに侵攻して二、三日経ってからだった。妹とお茶をした。やはりプーチンの暴挙を嘆き悲しむ話になった。その時ふと、何のかまえや感情もなく、ごく自然にすんなりと「プーチンさんって家のおじさんみたい」と呟いてしまった。〝家のおじさん〟とは私の亡夫のことだ。夫が亡くなって今年一月に事務処理を終えてしまうと、夫から受けた数々の苦しかった思い出などは私の内から全く消え去ってしまっていた。もちろん五十年以上の歳月を共に暮らし関わってきたから、夫や婚家の匂いが残るものに出会う時、思い出しはするが婚家から受けた多くの苦労、苦しみや悲しみ、心の痛みなどは全部忘れてしまい過去のものになってしまっていた。ところがプーチンの暴挙を目の当たりにして急に夫を思い出した。私は、生前の夫が時に全く不条理なことを考え出し信じ込み、真顔で頑固に主張し始める時〝まるで独裁者のようだ〟と感じることがあった。夫の精神状態をヒトラーや暴君と言われた皇帝ネロみたいだ、とも思ったことがあった。そういう時の夫の自己中心的な言動は言葉では表せないものがあり、夫が独裁者に成れるほどの強さも能力も無かったことを〝良かった〟と思ったりもしたものだ。

その後、戦争が激しくなるにつれて、プーチンの精神状態までもがいろいろと報道されるようになった。亡夫と生活した年月に亡夫から学んだことが、そのままプーチンにも当てはまるような感じがしていた。一国を統治しているプーチン大統領をただの一家の当主であった亡夫と同一視することなどは失礼で荒唐無稽なことだと言われそうだが、人間がこのような暴挙に出る時、プーチンも亡夫も一人の人間として同じような精神状態になっているのではないかと思ったのだ。非常に自己中心的になり暴挙を真から正しいと思って行っているという意味で同じに思えたのだ。そして、人間をこのような精神状態にさせるのは、精神のもっと奥深くにある、全ての人間の細胞に組み込まれている〝何か〟であるというような気がしてくるのだった。多分これがキリスト教で言う〝原罪〟と言うものなのかも知れない。

ウクライナでの戦争報道は、この〝原罪〟を露わにした人間の姿をあからさまにして私に見せつけてくれた。自分自身の身体《からだ》の中にもあるこの〝原罪〟を見せつけられて、私は実際に胸が痛いほど心苦しく、悲しく淋しく机にうつ伏して、〝早く終戦になりますように〟と祈ったりもした。私の人間として生まれてしまったこの深い悲しみ、淋しさは誰にも分かってもらえそうもないと思った。短歌にして自分自身を慰め心落ち着かせようとした。書き始めると二十歳《はたち》の頃のように、人間としての悲しさ、淋しさが次々と湧き出て止まらなくなった。冊子にするつもりで書き始めたものではなかったが、五百首になった時、やはり多くの人々に戦争の酷さ、悲惨さ、平和を願う気持ちを知ってもらいたいと思い、冊子にして配った。

世の中では薄情だと言われそうだが、私は夫が亡くなって多くの奥さま方のように淋しいとか悲しいとかいうことは全然なかった。むしろ、夫と共に一度天国に行けたような心持ちで、やっと自分が自分自身であることを取り戻したような大変心安らかな日々を送っていた。身体だけは歳相応に無理がきかなくなったが、心持ちは幼少の頃の私に完全に戻ってしまっていたのだ。

私の父は八十歳を過ぎてから「おれが死んだら腹断ち割って調べておくれ。おれの腹の中は真っさらで一点の曇りもない。こう思えることは有り難いことだ。おらあ、幸福だ、幸せだと思うよ。いつ死んでもいい」、と言っていた。父は八十八歳で亡くなるまでに、二、三回この言葉を言った覚えがある。その言い方が、父が本当に心底から自分の人生に満足していることが分かって、私はこの〝一点の曇りもない〟は想像できても実感がなく、私も八十歳過ぎたら父のように〝腹の中が真っさらで一点の曇りもない〟状態になれるだろうか、そして、父のように有り難いと思って死ぬことが出来るだろうかと思っていたものだ。読書はほとんどしたことがなかった父であったが〝宗教的で善良な人だ〟とも思った。私も〝そうなりたい〟とも思っていた。

父のこの言葉は長いこと忘れてしまっていたが、夫が亡くなり死後整理を全て終わらせることができると、急に、父が晩年に言っていたこの言葉が私のものになっていることに気づいた。父は〝今の私のこの気持ちを言っていたのだ〟と私自身のものとして、父の気持ちがはっきりと私の内に定着していることに気づいた。そんな訳で嬉しいというか、有り難いというか良い日々を送っている。

もちろん、ロシアがウクライナに侵攻した戦争について、深い深い悲しみを持つ。この戦争から人間の〝原罪〟を見せつけられて、改めて人間のすることの恐ろしさを、悲しく、淋しく思う。そして「平和祈願」の歌ができた。が、この悲しみ、淋しさは、この世で現実的に私が解決しなければならない、特に私に責任があるものではない。全く異質のものだ。むしろ生きることそのものに関わる深い悲しみ、淋しさで、私が二十歳の頃から思っていた〝原罪を持ったまま いかに生きるか〟の人間存在そのものからくる深い悲しみ、淋しさである。戦争のような人間の〝原罪〟からくる最も残酷な行為を見せつけられても、二十歳の頃のようにこのことで〝生きていけない〟などと悩むことは疾《とう》の昔に卒業してしまっている。そして、〝これが人間だ〟と原罪を自覚しつつ、生きていることへの深い悲しみ、淋しさが蘇るのだ。夫の死が現実的な人間の苦しみ、悲しみから解放してくれたことで、私は生涯をかけて感じていた〝原罪〟からの解放もあったような気がする。あれから六十余年の人生を生きて、父の言っていた〝真っさらな腹〟が私の中にも定着してきているようにも思える。この真っさらな腹の中に〝原罪〟も納まって、ただ有り難くて心安らかで子供の頃の私に戻ってきてしまっているのだ。本当に有り難いことだと思う。心から〝主の平和〟を思う。

＊　＊　＊

〝山上良寛様〟からお手紙をいただいたこと

二十歳の時、〝山上良寛さん〟からお手紙をいただいた話をしたい。

母が残してくれていた手紙の整理をしていて、先日この手紙を見つけた。私が生涯を〝原罪〟にかけていた話なので、読んでいただけたら嬉しく思う。

私が光に遭遇したのは昭和三十五年（一九六〇年）九月中頃、私が二十歳の時であった。

「光の中を歩んで」に書いたように、今ではは っきりと言えるのだが、私は人間の持つ〝原罪〟に気づいてしまったのだ。当時〝原罪〟という言葉を知らなかったが、〝原罪を持ったままどのように生きるか〟と、その事ばかりを考えていた。光に遇ってからはただ光を見つめて生きていたが、光を見つめることは同時に原罪を見つめることでもあった。友達が罪などということにはつゆとも気づかず、青春を謳歌しながら生きていることにいたたまれなくなって、早く東京を離れて静かな山中に行きたいと思った。

アルバイトで僅かばかりの旅費を得た私は、当時手元にあった中学社会科地図で東京から一番近い私が行くことが出来そうな温泉を探した。戦後間もないことで現在のように観光案内などもなく、地図に〝霧積温泉〟とあったのでそこが山中であるような感じがして、そこに行くことにした。二月だったが東京に近い群馬県の温泉ならさほど雪も無いだろうと東京を午後に出た。駅の名前は思い出せないが、多分、信越本線の横川駅だったと思う。駅員も居ないひなびた駅に着いたのは午後四時頃だった。駅から直ぐに山道になり登っていった。駅には〝霧積温泉徒歩二時間〟とあったような気がする。駅の看板の矢印だけを頼りに登って行った。無謀なことをしたものだが、初めは多少広かった道もだんだん細くなり、二時間も歩くと本当に温泉に行ける道か分からなくさえなってきた。陽が落ちて暗くなり所どころ雪さえあるようになってきた。冬の短い日だ。三時間もすると真っ暗になってしまった。不安にはなったが、私は幼少の頃から山歩きに慣れていたのでとにかく道であることは分かりながら、人一人やっと通れるほどの山道を時には藪をかき分けながら登った。多分四時間位歩いたと思う。山の中に明かりが見えた時、遭難しなくてよかったと本当に安堵した。

温泉に着くと、この温泉へは別の道があり「その道を来れば良かった」と宿の主人が話してくれた。老夫婦二人だけのひなびた宿で、女主人が「こんなに暗くなって、若い女の人一人で明かりも無くて迷いもせずにあの道を登って、よくまあこんな山奥まで来られたものだ」と非常に驚き、直ぐに囲炉裏に当たらせてくれた。残り物だけれどと囲炉裏の縁で夕食をいただいた。

私が驚いたのはもう一人のお客さんが居たことであった。夕食は済んだからと囲炉裏端に座っている。宿には電気がなくランプと囲炉裏の明かりのみであった。私の食事も終わって宿の老夫婦が引っ込んでしまうと、彼はランプの油がもったいないからとランプを消した。囲炉裏火ではお顔もはっきりとは分からなかった。そう若くもなく五十歳前位の中年の方であったと思う。火箸で囲炉裏火を突きながら「どうしてこんな山奥にまできたのか」と問う。初めは私も警戒していたのだが、彼の聞き上手話し上手に慣れてきて、あの当時私が思いつめていた人間の罪について話し出してしまった。もしあの時、私が〝原罪〃という言葉を知っていたらもっとよく説明できたと思うのだが、この言葉を知らなかった私は、人間存在そのものに罪が含まれていることを一生懸命に説明した。人間が生きるために身体に組み込まれているような〝原罪〃に苦しみ、思索し、光にまで至り救われたことを話したかった。光に遭遇してから五か月ほど後だった。でも光に逢ったことだけはとても話すことはできなかった。強烈だったこの体験を話さずに、光からいただいた真理を話すことは大変難しいことであった。彼は、一般的にいう〝罪（悪）〃についての理解で終わっているような感じがして仕方がなかった。私が伝えようとした〝罪（原罪）〃について彼は理解出来ていないような感じがした。彼がどんな風に話してくれたかは思い出せないが、大変丁寧に人間が持っている〝善〃について話してくれたような気がする。そして、私が〝十分に善人であること〃を言ってくれたような覚えがある。二人で〝善と悪（罪）〃の話をしている内に十二時近くになってしまった。彼が「明日の朝早く発つから」ということで話を切り上げて眠りについた。

疲れていた私は、熟睡して翌朝八時頃目覚めた。ふと見ると閉まっている障子の下に、止め結びにした紙が転がっている。何だろうと開いてみると昨夜話した彼からの手紙であった。宿の便箋一枚に綺麗な文字で〝山上良寛〃学士様と書いてある短い手紙だった。彼はもうとっくに宿を発っていた。無学の私も良寛さんは彼の本名だとは思わなかったが、彼の話しぶりから大学教授か作家だったかも知れないと思った。彼は、〝良寛さんを学んでみなさい〟と教えてくれているのかな、と思ったりした。けれども、やっぱり彼は私の言おうとした〝罪（原罪）〟について私ほどは気づいていない、とも思ったのだった。それよりも私の話が私よりずっと学識もあり人生経験も豊かであろう彼に、手紙を書かせるほどの印象を与えたことを訝しく、狐につままれたような何か非常に不思議な感じがしたのであった。

ちなみに彼の手紙の最後には、【若人に告ぐ　自分の眞念は完遂すべし　無邪気で　高慢知気で　見識高い　悪女よ　さらば　山上良寛】とあった　長い間、見失っていたこの手紙を今読んで、当時の私を思い出している。あれから六十二年も経った今になって、あの時には理解出来なかった彼からの手紙に、彼から見たあの時の自分が見えて、この手紙のままの私が今もいることを、人は変われないものだとも思う。今はもう〝原罪〟を持つ自分に苦しみはしないし、特に夫が亡くなってから〝人間、生きることは全てこれで良い〟と平和に暮らしている。が、戦争などという、人間から〝原罪〟を露わにする行動を見せつけられる時、やはり非常に苦しく、悲しく、淋しい思いをするのだ。

彼の手紙を見つけた事で、あの時の宿が霧積温泉の金湯館であったこと、昭和三十六年二月五日であったことも知った。あの時の山上良寛様は、もうとっくに天国に行っておられることと思う。山上良寛様に〝天国でまたお会いしましょう〟と言いたい。

今、調べてみると、金湯館は、明治十七年（一八八四年）創業で、明治時代には伊藤博文、勝海舟、与謝野晶子等が逗留したという。霧積温泉は大変賑わっていた避暑地だったというが、その後山崩れに遭い、その時、金湯館だけが残ったとのことだ。私がこの宿に行った昭和三十六年よりずっと後のことだが、この宿にヒントを得た森村誠一氏の推理小説「人間の証明」が大変有名になり、映画化もされたということを聞いている。出来るならいつかもう一度金湯館に行ってみたいと思っている。

＊　　＊　　＊

歌91番（23ページ）について

【プーチンがもしも私の夫なら　「バカね」と言って抱きしめてやる】の歌について、奇異に思う方もおられると思うので説明を加えたい。

私の夫は、若い時、手が付けられない家庭内暴力を繰り返していたようだ。主治医の土居健郎先生（「甘えの構造」の著者で戦後の精神分析の権威）から「あまりにもひどいから何とか入院させようと思ったけれど、何と言っても拒んで入院させることが出来なかった」と聞いている。結婚して十か月位経った頃、その夫がすごい勢いでリビングに入って来たと思うと、何の前触れも理由も無く私に暴力を振るった。私が転んで石油ストーブを倒しそうになりかろうじて避けた後、夫は自分の書斎に逃げ込んだ。十数分後また戻り、ドアを開けるなり「おれの正体を見たか」と叫ぶ。この夫を〝さて、どうしたものか〟と思案して座っていた私だったが、直ぐに立ち上がり何の考えもためらいも無くまっすぐに行って、「馬鹿ね」と言って彼を強く抱きしめた。この時以来一生、夫は暴力を振るうことはなかった。私は〝なぜ突然暴力を振るったのか〟など、何も聞くことはなく、その後一生このことについての話はしなかった。四十五歳だった夫は、それまでに父母からさえ本当の愛を受けたことのなかったうっぷんを爆発させて、私に向けて試してみたのかもしれない。

プーチンも夫も立場は異なるが、一人の人間として、二人とも暴挙に至らなければならない程に精神的に追い込まれてしまっていたということが、私には重なって見えてきてしまった。私が夫を抱きしめたように、世界の誰かが「馬鹿だよ」とプーチンを抱きしめてやる時、あるいはプーチンの頑なさも少しは和らぐかもしれない。世界にこれが出来る政治的指導者が居ないことを歯がゆく思ったりもする。もちろん、実際にプーチンを抱きしめるのではなく、深く大きな政治的見解を持ち、プーチンの論理をきっぱりと覆しながら、プーチン以上の力強さで包み込みながら彼と話せる外交的手腕のある指導者が出てくれればいいなあ、ということだ。

個々人も国と国も人間千差万別で、様々な価値観で生きている。特に政治世界は非常に複雑に入り組んでおり、世界中が平和になれるほど単純ではない。地球上に戦いの無い時代が来ることは永久に望めない。全ての人間は、世界の指導者達でさえ、神さまから見れば、どんぐりの背比べで喧々囂々としながら生きているのだなあ、と痛感してしまう。武器持つ戦いでいがみ合うのではなく、それを止めようとする方向で動く政治家たちが多数を占めて世界を統治していって欲しい、と願うのみだ。それを出来る政治的指導者が居ないなら、せめて正妻の居ないプーチンさんに、優しい聖母のような奥さまが現れてプーチンさんを抱きしめれば、プーチンさんも少しは気持ちが和らぐかも知れないと思ったりする。人間、衝撃的な赦しと慈愛に触れる時、劇的に変わることがあると思うからだ。人間誰もがそれを望んでいる。全世界を平和に統治出来るのは神さまだけなのかも知れない。真の宗教は、政治とは全く別の形で世界平和を実現させようとする働きがある。神さまから人類だけが与えられた宗教の尊い意義と使命はそこにあるのだと思う。世界中が平和になれますように、神さまのご加護を願ってお祈りする。

第二部　天と地の狭間を生きる

『変容』

二　天

光との遭遇

1　無菌状態の中に生まれて

私は、一九四〇年に信州伊那谷、中央アルプス山麓の宮田村に生まれた。部落は村の中心部から四キロほど離れており、七軒の家がひっそりと寄り添う山里であった。生家は部落のはずれにあり、隣家まで二、三分は歩くことになった。母がお嫁入りの時、車のフロントガラスに木の枝が当たりくぐり抜けて来た、と山奥に連れてこられたことを驚いて話したことがある。第二次世界大戦以前のことである。電灯は居間に一灯のみ、新聞はとっていたがラジオは戦後二、三年してから入った。戦時中には東京から親戚が疎開しており、二十数人が我が家にいた。稲作や養蚕、林檎や梨を作る農家であったこともあり、食料にはあまり困らず、自然に囲まれて世の中とは絶縁されたのびのびとした幸福な子供時代を過ごした。

過疎だったせいもあるが、私は友達と遊ぶことは好まず、毎日を野山で一人遊ぶことを好んだ。美しい自然の中での母の教えは、「悪いことをして誰も見ていないと思っても、ただ一人、自分だけは見ているよ」とか、「自分がしてもらいたいと思うことを人にもしてあげなさい」とか、「苛《いじ》められても、平常心でその人に接しなさい」とかで、他者への思いやりを説くことが多かった。人が来れば必ず、帰る時に何か持たせなければ気がすまなかった。それは作っていた野菜や、果物一個でもよかった。父はこんな母を、「芯からのお人好しだ」と評していた。

父は、戦時中を、「人が集まれば喧嘩がおこる。喧嘩しないようにどれだけ苦労したかしれない」と振り返り話した。弟を戦死させたこともあり、戦争による国土の荒廃と国民の苦しみを話し、「戦争だけはしてはいけない」と何度も言っていた。晩年は村の民生委員として飛び回り、「困った人ばかりがおれのところに相談に来る」とそれを誇らしくも思い、生きがいにもしていた。八十歳を過ぎた頃から「おれの人生には邪心がなかった。おれが死んだら腹断ち割って調べておくれ。おれの腹の中は真っさらで一点の曇りもない。こう思えることは有り難いことだ」と二、三度言ったことがある。父の葬儀には四百三十人位の会葬者があり、山奥で一生をただの一介の農民として生きた父に多くの人が集まったことに驚いた母は、「おじいさんは偉かったんだなー」と呟いた。私は四人姉妹で男兄弟は居らず、親しい男性は温厚な祖父と家長として頼れる父だけであった。電車で二十分ほどの女子高校に通っていたから、ここでも祖父や父以外の男性と親しく話すことはなかった。世の中の男性は全て、近くに居た祖父か父のようであると思い込んで育った。この男性観は、その後、長く私の内に秘められていた。

このように十八歳までを世の中から隔離された無菌状態のような環境の中で過ごして、

東京学芸大学美術科に入学した。初めて親しく男性と話すようになったが、無知で初心《うぶ》だった私は男女を問わず誰とでも親しく話し、多くの友人達のように恋愛への憧れや結婚願望などはあまりなく、舞台装置を造りたいと演劇部に入り楽しい学生時代を満喫していた。

大学三年生の春であった。親しくしていた男友達が急に私にキスを迫った。鈍感な私でも何となく気づいていたから、そのような事態にならないように気をつけてはいたのだが、やはり思いがけない出来事で、ただ拒絶するしかなかった。私は彼とただ親しい友達でいたかっただけなのである。私が彼を拒否したことによりその後の彼の苦しみを目の当たりにすることになった時、私の存在そのものが彼を傷つけ苦しめているのだと思った。私の存在が、私の意志に関わらず彼にキスしたいと思わせたのであろう。私は、彼に好まれるという私の存在そのもので彼に罪を犯したと思った。私はそれまでの誰にでも愛され好まれていると思い込んでいた、自分の存在の傲慢さに打ちのめされた。幼少の頃から母や父から教えられた多くの教訓が私の内から崩れ去っていき、自分の存在そのものに非常に罪を感じたのである。

どんなに彼が望んでも私には彼にキスさせることはできなかった。私は初めて、幼少の頃から母が私に教えたように与えきることができない自分を思い、生きるためには不本意にもまだ多くを拒絶していかねばならない、とそのことに思い至ったのである。生きるということそのものが私の何気ない言葉や行為で他者を傷つけ、悩ませる原因を作り、私の存在そのものが他者に否定されうる状況を作ることを悟ったのだった。このことは、人間は自分を生かすために他者を傷つける、という罪を犯しながら生きなければならないということであった。私は人間の存在そのものが罪の上に成り立っていることを知り、愕然とした。その時には〝原罪〟という言葉を知らなかったが、思えばあの時、何かが私の内に〝原罪〟の意味を叩き込み、教え込んだと思われてならないのである。〝原罪〟を知ったこの時からそれまでの美しく幸福感に満たされていた生活は一変し、どうにかして〝原罪〟を知らない生活に戻りたいと苦悩し始めたのである。

あまりの苦しさに自殺を考えたりもした。私は物心ついた頃から地球を見守っている〈何か偉大なもの〉を感じていた。この感覚が、何かから与えられた命を抹殺することはできないと私に思わせた。自殺こそ最大の〝罪〟であると本能的に知っていた。生きることも死ぬことも罪なら、私は一体どうしたらよいのかと飲まず食わずに考え、衝動的な自殺を恐れて周りから自殺に使えそうな紐を隠したりもした。ホームでは線路に近づかないようにして後ろの方で電車を待った。青春を謳歌している友人達とも離れていった。

生きることも死ぬこともできない苦しみから逃れるためには、精神を取り除く他ないと思い、物になり石になりたいと思った。私は聞きかじりの知識で、禅のようなことをすればそれが叶えられるような気がした。全ての行動をそれに集中した。食べる時も歩く時も自分の精神を無くそうと試みた。乗り物の中では人の吸う空気までをも自分が奪っているような気持ちになり恐れた。この苦しみから逃れようと目を瞑り胸の鼓動に合わせて息を整えることに集中した。と、禅の達人が言う無我の状態であったのかは分からないが、意識が消え精神が無くなっていくような状態にはなっていった。

こんな状態のまま夏休みに入った。安保闘争の時代で大学も休講になることが多かった。騒がしい東京を離れて早く旅に出たかった。アルバイトでわずかばかりの旅費を得、東北の旅に出た。上野駅から汽車に乗り、いつものようにすぐに目を瞑り息を整えていった。汽車の音も胸の鼓動も意識から消え、そのまま上野から福島駅までをただ不動で座っていた。福島駅到着の放送で我に返り目を開けると、それまで気づかなかったが、前にいた紳士が「あなたは何歳ですか」と聞く。「二十歳《にじっさい》です」と答えると彼は物静かな調子で言った。「不思議ですねえ。私は上野からずっとあなたを見ていました。あなたは二十歳とは思えません。三十代と言ってもおかしくない。何か年齢が分からないのです。そのまま彫刻にしてもよいような不思議な落ち着きです」と言ったのである。私は一瞬返す言葉もなく、紳士もそれ以上は話さずにこれだけの言葉を残して降りていった。私はその時、紳士に何か言うべきであると思った。が、衝撃のあまり言葉が出なかった。

私は瞬間、人間は絶対に物になれないと悟ったのである。確かに私は物になった。現にこの人は私に〝そのまま彫刻のようである〟と言った。物になりたかった私は確かに外見は彫刻であった。でもどうだろう、ここにいる私は相変わらず物ではなく、内には精神があり思い悩み、人が彫刻のようだと私を見ていたその時点でも、私は石でできた彫刻ではなく精神を持った人間だったのである。紳士から「あなたは彫刻のようです」と言われた瞬間に、〝悩む自分から解放されるために石になりたい〟と思い詰めていた気持ちが吹き飛んで、私は、自分の内から精神を取り除こうなどと考えた自分が馬鹿らしくなってしまった。この方法では永久に悩む自分から解放されることはないと思った。

悩み始める前に、ある男友達が「聖書は世界の永遠のベストセラーだ」と話したことがあった。いくつかの聖書の言葉を教えてくれたが、聖書も知らない無知な自分を何となく恥ずかしいと思った程度で、これらの言葉は私に語りかけてくるものではなかった。旅費稼ぎのアルバイトをした最後の日、それまで話したこともなかったアルバイト仲間が「イグナチオ教会にいってみたら」と、私に彼女の使い古した聖書をくれた。私は初めて聖書を手にすることになり、〝これが聖書か〟と思ったが開いて読むことはなかった。その後、無銭に近い一週間の東北の旅をして、残る夏休みは信州伊那谷の生家で過ごした。相変わらず生きるか死ぬかと思い悩み、野山を歩き回った。

その頃からだったと思う。友達から聞いた聖書の三つの言葉が私の思考の中心を占めるようになっていた。その頃の日記に〝イエスは信じるが神は信じない〟とある。イエスは人間として信じるが神は科学的でないと思ったのである。夏休みが終わり上京して私が生きるか死ぬかの迷いから覚めたのは、東北での紳士に出会ってから二か月ほど後の、〝光に打たれた〟と思った九月初めか中頃であった。科学的でないと神を否定していた私が、〝光に打たれた〟などという最も科学的でない現象で生かされ救われたと思ったことは、神さまのお計らいという以外に言いようがない。

2　光

（一九八七年十二月）

あれは　二十歳《はたち》の時でした
性を通すほか生まれることができない人間に　罪を感じ
ただ　生きていくことさえが　どれほどに罪深いかの思いは強く
それならば　己の命を経ちたいと　それもまた大罪のように思われ
罪のうちに　生きるか死ぬか

飲まず食わずに思い悩み　流離《さすら》い　彷徨《さまよ》い
初秋のあの夕暮れ　あれは　ある畑《はたけ》の中でした
突然　聖書の三つの言葉が　光となってわたしを刺しました
〝あなた自身のように　隣人を愛しなさい〟
〝あなたの頬を打つ者には　他の頬をも向けてやりなさい〟
〝わたしの母　わたしの兄弟とは誰のことか〟
二十歳まで聖書などこの世にあることすら知らず
まして　見たことも読んだこともなかったわたしが
知っていたのはこの三つの言葉だったのです
突然　この三つの言葉から
何かが　罪深く生きることを赦してくれている
何かにとって　わたしたち人間は罪人として線上に並んだ等しきものなのだ
何かが　わたしを赦してくれているのなら
何かは　また　わたしの隣人をも　わたしと同じように赦しているのだ
わたしが　何かから赦されているのなら　わたしは隣人を裁くまい
〈自分自身を愛するように　隣人を愛して〉生きよう

これならば　ただ　生きていくことさえにどれほどの罪が含まれようが
生きることができる　と
そのとき〝神さま〟という言葉さえ知らず
ただ　それを何かというほか　表せなかったわたしですが
生きるか死ぬかの迷いから覚め
何かに赦されている有難さに恍惚となり
白く光りが輝き　あたりを包み
思わず畑の中に跪き　目を閉じ　首《こうべ》を垂れ　祈り
わたしは　あの時　洗礼を受けました

あれから二十七年
二十代
暗闇の中で遠くに　あの時の光が見え
なぜ　あの光に辿り着くことができないのかと　光を追い続けておりました
三十代
夢中で生き　現実の厳しさを知り　裁かずに生きることの難しさを知り

あの時のあの光から逃れたいと　初めて教会の門をたたきました
四十代
決定的な絶望の後《のち》　試行錯誤のうちに
今　やっと　神さま
あの時のあの光が
確実にここにあるような気が致します
洗礼を受けた後《あと》には　人はどんなにあがこうと
またそれに返ることしかできないのですね
人は　それを繰り返し　繰り返し　少しずつ　少しずつ
神さま
あなたの許に手繰り寄せられていくのですね

神さま
これからは　いつでも　あなたの光に包まれていることができますように
わたしをお導きください

3　光に伏す

全ては、光との出逢いから始まった。思えば二十歳《はたち》の時出逢った私の光の体験は、その後の私の全てを支配し、私の人生そのものになってしまった。あの光についていつか書こうと思っていたが、あまりにも非現実的なことで書けなかった、と書けばこの表現も嘘になる。なぜならそれは確かに現実であったのだから。難しすぎて私の言葉、いやこの世の言葉では表現できるものではないと途中で止めてしまっていた。

二十代には記憶が生々しくて人に話すことも、まして文字に表すことなど考えもしなかった。三十代には現実に振り回されていた。子供が幼稚園に入って聖書研究会のシスターにあの光について書いて提出したことがあった。自身ではあれはキリスト教でいう光であることをどこかで思っていた。しかし、私の体験を信じてはもらえないだろうとも思っていた。だから気軽に書けたのだと思う。読後シスターは「洗礼を受けられたら」と言ってくださったが、あの光に振り回されて生きてきた自分を重く感じていたし、信仰そのものに猜疑心のような思いを抱いていた私は、確たる理論もなく洗礼など受ける気持ちはなかった。ただシスターが感動してくださったことで、光の体験はキリスト教の人になら信じてもらえるかもしれないといくらか安心した。

〝まえがき〟にも書いたように、私の一九八六年からの書き物は全て、ある日突然に何かに促されるように書き始められ書き進められ、ある日突然に書き終えられたものである。あまりにも苦しい現実に、ただあの光を求めて書き出し書き終えたものであり、私は書くことによって、現実の苦しさで崩壊しそうな自分を救っていたのだと思う。

シスターが私の体験を信じてくれてからも、光の体験についてはこれを誰かに話すことは決してなく、ただ胸にしまっていた。一九八七年にこの光の体験を前述の詩にして、一九九〇年に「神さまへの手紙」の中で発表した。この体験を世の中にはひた隠しにしていた私が詩なら詳細を書かなくてよいと思い、恐る恐る詩として世に出したのであった。〝光のこと〟として詳細に文字にしたのは、光に遭遇してからすでに四十年も経っていた一九九〇年で、あの時、書いておかなければだんだんに記憶が薄れ、もうあの体験を書くことができなくなるかもしれないと思ったからである。この文章を一九九九年に出版した「光の中を歩んで」の冒頭に載せて発表した。あれからまた四十年以上も経ってしまった八十三歳になった今でも記憶が薄れることはなく、あの体験は私の体の一部になり焼きついてしまっている。私の体からはもはや奪い取ることはできないこの光のことを、もう一度書き記しておくことが私のこの世での使命のような思いがありここに綴ることにする。

＊　　＊　　＊

戦後、都内から武蔵小金井市に移転したばかりの大学は裏手に武蔵野の面影を残す雑木林があり、東門から私の下宿を通って武蔵小金井駅に通じる道は舗装されていない両側が畑の一本道であった。どのように生きるべきかと悩み始めて三か月位経っていたと思う。夏休みが終わって上京した後の九月初めか中頃であった。その日も何かに促されるようにして下宿を出た。当時の私は、ただやみくもに自然の中を歩き回って考え事をすることで考えがまとまり大変よかった。

問題はただ一つ〝罪を持ったまま生きられるかどうか〟であった。いっそのこと死を望んだが、自らを殺すことは罪を持ったまま生きることよりももっと大きな罪であるような気がしていた。幼少の頃から〝何か偉大なものに見られている〟と感じていた私は、その何かに逆らうような気持ちがあり、自らを殺すことはできないと本能的に知っていた。どうしても生きなければならないならどう生きるべきか、ただそれだけを考え続けていたのであった。

悩み始めてすぐには、友達が私に教えた聖書の三つの言葉、「自分自身を愛するように、隣人を愛しなさい」（マタイ22・39、マルコ12・31、10・27）、「右の頰を打たれたら、左の頬も出しなさい」（マタイ5・39、ルカ6・29）、イエスが母マリアを前にして、「わたしの母、わたしの兄弟とは誰のことか」（マタイ12・46〜50、マルコ3・31〜35、ルカ8・19〜21）は、私に語りかけてくるものではなかった。無銭旅行に近い東北の旅や、夏休み、生家で野山をさまよいながら考えていた頃から、この三つの言葉が私の中で大きな部分を占めていった。

生家は先祖代々仏教徒で、私は二十歳になるまで聖書がこの世にあることすら知らなかった。当時の私は、これらの言葉をキリスト教と結びつけることができないほどに無知であった。友人からこの言葉を聞いた時にも、聖書も知らない自分の無知を気恥ずかしく思う程度であった。が、思い悩んでいるうちに、だんだんにこの三つの言葉が私の思いの全てになっていった。私はこの三つの言葉の意味を理解しようと本当に夜も昼もなかった。寝ても覚めてもこの三つの言葉を思った。初めは思考がこの三つの言葉の周辺をぐるぐる回っていた。だんだんに何か核心に触れるような予感がし、しかし、そこまでくるとするっと抜けてどうしても分からなくなる。そしてまた元に戻り、それを何回となく繰り返していた。しかし繰り返すごとにというより、繰り返しの何回目かに急に閃いて、ほんの少し思考が前に進むように思う瞬間があった。毎夜眠る時間になると今日はここまでで仕方ないと思い、翌朝目覚めるとすぐにまたそれまでの思考を反すうしていかに生きるべきかを考え、三つの言葉の意味を理解しようと懸命であった。

その日もそんな状態で宿から抜け出したのである。信州の涼しい夏に慣れていた私に、残暑の厳しい東京の九月の夕暮れの涼しさが信州の夏を思わせて気持ちよかった。私は宿から大学への道を歩き、しばらくして畑の中に入っていった。農作業の人だけが歩く細い道を歩き、行き止まって引き返し、それからよく手入れされた作物の畝の中に入っていった。

何が植えられていたか忘れてしまったが、私の膝丈くらいの割合葉っぱが大きい作物だったような気がする。畝に入って五、六歩くと、あまりにも歩きにくく戻ろうと向き直った瞬間、というよりもっと短い時間、瞬間の何万分の一というような感じで、私はこれらの三つの言葉を完全に理解したと思った。いや理解するということではなく、三か月位考え抜いていたこと、罪に汚れたまま生きられるかどうかと悩み続けていたことの全てが、その瞬間に凝縮されて分かってしまっていた。

その時私は、人間は何かに生かされて、しかも罪を持ったまま生きることを赦されているのだとはっきりと分かり、あまりの有り難さに立ち続けていることができずに、その場にひざまずいたのであった。地にひれ伏したかったが一瞬、土に汚れた白いブラウスを一緒に下宿している姉が訝しく思い心配するのではないかとひれ伏すことを止めた。

それから全てがこの世のものではなくなった。目を開けていることはできず目を閉じ、手は自然に合掌の形をとった。周りの風景は完全に私から消えて、私は〝全く何もない柔らかい透明な空間〟の中にいた。「光の中を歩んで」に、私はこのことを〝金色がかった柔らかい透明な白色に輝く平原〟と書いた。これも間違っている訳ではないが、絵描きである私はあの時、あの世界を何か風景と色で表現したいと思ったからであった。今ではあの世界をこの世の風景や色で表すことはできないと思う。あれから六十年以上も経った今でも、あの〝全く何もない柔らかい透明な空間〟の世界は、ぜんぜん変わらないものとして鮮明に私の内にある。今はあの世界を〝全く何もない柔らかい透明な空間〟とこのように表現したい。これは今では私が確かに、あの時よりずっと近くに神さまを感じられるようになっているからだと思われてならない。音もなく色もなくこの世のものは何もない〝全く透明な柔らかい空間〟の世界であった、と表現しておく以外にない。

これが私の二十歳の時の体験であった。キリスト教では〝神は光〟と言う。私はこの体験を〝光との遭遇〟と題したが、確かに別の言葉を探せば、〝全く透明な柔らかい光〟の中で、私の心がというよりも私の魂がこの光と一致して、〝光の中で祈った〟という以外に表現のしようがない。もどかしいのだがどうしてもうまく表現できない。ただ平易に

〝光に遭遇して有り難さにひざまずいて祈った〟と言う以外にない。下宿への帰り道、それまでの〝生きるか死ぬか〟の苦悩は完全に消え去り、心は軽やかになり、この〝光〟を生きさえすればよいのだとの強い思いと、これほどに心軽やかになった訝しさの中にいた。

〝生きるか死ぬか〟の苦悩の中で、私は三か月間くらい非常に集中して精神的な高揚状態の中にいた。「光の中を歩んで」に私はこの体験を科学では説明できない神秘と書いた。幼少の頃から感じていた〝何か〟が、私を哀れんで私の魂の叫びとして私を受け止めてくれたに相違ないと書いた。全くその通りだと思う。が今思うに、それは私の体が本能的に〝何か〟と言う他者を知っていたからだったと思う。東北の旅の紳士との出会いで、人間は決して自力では罪から逃れられないと悟った私であったから、自分以外の何かに叫ぶ他なかったのだと思う。

若い頃、こういう体験を精神分析などで説明できるかもしれないと思ったことがある。実際この光に従って生きることが非常に苦しく、別のことがきっかけだったが科学的な説明が欲しいとの思いから、ついでにと頭のＭＲＩを撮ったこともある。精神分析的に言えば、私が〝光〟に遭遇できたのは、幼少の頃から〝何かに見られている〟という、他者を知っていたからだった、ということに尽きると思う。確かに私が幼少の頃から〝何か大きな他者〟を感じていたということは神秘であり、私には、光（神）はこの世の全ての現象より先にこの宇宙に存在していたという以外に説明のしようがない。

『磔刑』

三 地

この世を生きる

1　光を求めて

大学卒業まで学問には集中できなかった。遭遇した〝光〟が強烈に私の内にあり、〝聖書の言葉に従って生きるとはどういうことか〟とそのことに全てを費やしていたからだった。光の体験の後、手元にある聖書を開いてあの三つの言葉がどこにあるか探した。四年生になってアルバイトで旅費を作り北海道の旅に出た。遠くに行けばあの光に辿り着けるかもしれないと思ったりもした。この年の夏休みだったと思う。一生であの時ほど本を読んだことはない。一か月位の間に二、三十冊を読んだ。主に世界文学全集、日本文学全集の小説であった。生家の奥座敷にこもり読んだ本を積み上げていった。本を読んでばかりいて手伝わなかった自分を父母にすまないと感じていたが、父母が黙って許してくれていたことを今でも有り難く思う。母は私のことを「おっかない（怖い）」と言った。

光に遭遇したあの瞬間に光は私を救ったが、同時にその後の長い人生を〝聖書の言葉で生きよ〟と私に命令していたのであった。思えば光との遭遇は、〝光〟が私の人生を光の中で歩ませるための儀式であったのであろう。あの光を生きるにはどうしたらよいか右も左も分からない私は、その後の長い人生を光の中で歩むために、光が私に与えた第一歩を戸惑いながら苦悩しながら踏み出していたのであった。これが大学卒業までの私であった。

安保闘争で休講も多く考えごとばかりで友達とも離れてしまった私は、就職活動もしなかった。教師になるために必要な教員試験を受ける勉強もしなかった。何とかしてあの光に辿りつきたいと光ばかりを追い求めていた。よく卒業できたと思う。苦労して大学に通わせてくれた父母を悲しませたくないと思い、何とか卒業はした。

卒業後は騒がしい東京を離れたかった。人を押しのけ、押しのけ、のし上がろうとしている全ての都会の人々が疎ましかった。なるべく人の居ない場所に行きたかった。長野県の教育委員会に、〝山奥の過疎の学校に赴任させてほしい〟と手紙を書いた。希望が叶い長野県下伊那郡上村小学校に赴任した。村には本校と二つの分校があり、本校の二〇人足らずの一年生を受け持った。子供達は可愛かったし工夫して一生懸命に教えもしたが、光のことがいつも私の内をしめており先生方の世界になじめなかった。特に職員会議は苦手であった。

母からパリのレストランで皿洗いを募集している話を聞いた時、即座に皿洗いになることを決心した。戦後の一ドル三百六十円の時代である。特別に優秀な人だけが年に一人か二人国費留学できるだけの時代であり、外国行きは私にとっては手の届かない、叶えられない夢のまた夢であった。北海道旅行の後、何としてもいつか外国に行こうと決めていた私にとってこの話は絶好のチャンスであった。東京に来ていたレストランのマダムに会い、皿洗いをしたいと申し出てパリに行くことになった。こうしてパリでの皿洗いの生活が始まった。

2　パリの空の下で

一九六三年からのパリでの五年間は、お皿洗い、ウエイトレス、ベビーシッターで過ごした。お金もなく過酷な生活だったが、この五年間無くして今の私は無かったであろう。農家に生まれ幼少の頃から仕事で体を動かすことに慣れていた私は、皿洗いなどなんでもなかった。ただ一日十二時間近く縛られることと、思いを打ち明ける相手がいないことが辛かった。もっとも日本でも悩み出した二十歳からは誰にも心を打ち明けることはなかった。それでも周りには文化や芸術や人生について関心を持つ人々がいた。レストランで働く人々はそういうことには頓着なく日々を楽しんでいた。私はパリの町を、物欲、出世欲、性欲、権力欲、その他もろもろの欲が渦まくカオスの町と感じた。この現実を肯定しながら嬉々として生きる人々を目の当たりにして、彼らの現実肯定の人生を羨ましく思ったりもした。この町がソドムとゴモラの町（創世記19・24～28）のように焼き尽くされたらどんなに清々するだろうとも思っていた。私自身もこの混沌の中にすっかり浸かってしまえたらどんなにいいだろうとも思っていた。

お皿洗いをしながらも四六時中、どこかであの光を思っていた。何か別の世界に飢えており、あの時のあの光を見つけたかった。時間があると寺院や美術館に行った。六十年も前のことである。ノートルダム大聖堂の中はひっそりとして日本の森を思わせる空気があった。ルーブル美術館にもほとんど人はおらず、時々〝モナ・リザ〟の前で昼寝をしたりした。パリのアパートの窓の外には赤い花鉢《はなばち》が置かれる。遠くから〝あの光だ〟と近寄ってみると、それはただの赤い花でしかなかった。たった一冊の日本語の本として、アルバイトの時仲間から貰った使い古しの聖書をパリに持っていっていた。毎夜それを読んだ。訳も分からずにめくっては、最後には詩編ばかりを読んでベッドに伏して泣いた。

パリでフランス語を覚えたわけでもなく、絵の勉強をしたわけでもない。帰国後「どうしてパリに行ったのか」と問われることも多かったが、答えに窮した。「若気の至りで」と答えることにしていたが、本当はあの時の〈光を見つけに〉と言う以外にない。そして、それはあまりにも過酷な神さまの試みでもあったような気もする。パリでの生きるだけが精一杯のお金のない生活、どうしようもない孤独、暗闇の中でいっそ自分もとことん落ちてしまえたらどんなに楽だろうと漂っていたあの五年間を書き尽くせるものではない。

ただ言えることは、あの五年間があったからこそ、その後の私の人生があったのであり、神さまは時々その人が耐えられるだけの試練をお与えになって、その人をご自分に近づけようとなさるということだけである。

3　夫Oと生きる

夫Oとは五十二年の歳月を共に暮らしたが、アスペルガー症候群であった彼との歳月がなかったら、今の私もなかったと思う。彼が他界してから二年も過ぎている。彼の死と共に、彼やO家の人々から受けた苦しみや悲しみはすっかり私から消え去ってしまっている。が、ここであえて彼やO家での生活を書き記すのは、このことで私が二十歳《はたち》のとき遭遇した〝光〟をこの世に証明できるような気がするからである。彼との五十二年間の歳月は、私がこの世（地）の現実を、光（天）に助けられながらいかに生きたかの記録と思って読みいただけたら幸いと思う。

＊　＊　＊

一九六八年にパリから帰国した私は、まだどのように生きるか分からなかった。東京の姉の家に下宿しながら、パリでの生活の延長のようにアルバイトをしていた。興味の持てる職業も見当たらず、女性は結婚して家庭に入ることが当然であった当時の社会で、婚期に遅れて父母を心配させることが心苦しかったが、結婚願望がなかった。

日本を発つ前には相当に性への罪悪感があった。人間が性を通してしか生まれ得ないことに悲しみを覚えていた。何の問題もなく愛し合う父母の故《もと》に生まれた私であったが、それとは別に、動物として創造された人間が根源的な性の欲望という罪を持つ存在であることが悲しかったのである。性そのものに罪が含まれていることを知って、性という根源的な欲望を通してこの世に生まれでた自分を疎ましく感じたのであった。

パリでの五年間を終え帰国してみると、日本を発つ前にあれほど持っていた閉ざされた性への罪意識は消えていた。解放された性意識をフランスから持ち帰ったような気がしていた。パリの炊事場でシェフ達が話す性はあっけらかんとして、性は日常的に当然なものとして、楽しい食事と同じような感じで話された。二十九歳になっていた私は、当然パリで性を知ることにもなっていたし、シェフ達から現実を肯定して生きることも学んでいた。だが、やはり性という欲望の虜にはなりたくなかったし、性のある生活でも無い生活でもどちらでもよいと思うようになっていた。

パリで知り合ったＯとは、同じ時期に日本に帰国した。フランス語を忘れないためにと、彼の大学での授業を聴講していた私は、彼から求婚された。あの時ほど考え抜いたことはない。パリでＯと同じアパートに居た友人から、Ｏが〝独り言で大声を出している〟と聞いていた。私はOに何か精神的欠陥があるのではないかと思っていたからである。角瓶ウイスキーを手元に置き、カップ一杯に注ぎ入れては飲みほし、この申し出を受けるかどうか毎日考えた。あの時ほどウイスキーを飲んだことはない。酔わなかった。よく体が持ったと思う。十日間ほど考え抜いて受けることにした。

まだアルバイト生活であったし、結婚しない娘を心配している父母を安心させたい気持ちがあった。私が中学生の頃、私は母に、〝一生を一人で山の中で暮らしたい〟と言った。母はその時、〝結婚して子供を産み、子供が大きくなったらその子供が結婚して子を産み、私は死んで、その子供がまた大きくなり、こうして人間は生き続けていくのだ〟というようなことを教えた。昭和初期の時代であった。母は、娘を未婚者の変人にはさせたくなかったのだろうと思う。また後年、私が〝学者のような人と結婚したらいい〟とも言ったことがある。Oは学者であった。暮らしてみてダメだったらまたフランスに戻ろうと考えたのである。

私が二十九歳、大正生まれのOは四十四歳であった。結婚式はせず、私の両親が上京してOと会い、それから二人の生活が始まった。二世帯住宅で私たちは二階に、一階にはOの母親と先妻の息子と、話すことのできない重度身障者のOの妹がいた。私はパリではO

に数回会っただけである。私の知り合いの画家仲間達は彼を詩人だと言う人もいて、Oは物静かな学者タイプの紳士として見られていた。が、彼との生活が始まって一週間も経たないうちに、私は彼が世界中のどんな女とも結婚出来る男ではないと分かった。何時ともなく、食事中だったり新聞を読みながらだったり入浴中だったり、それは大声だったり呟きだったりして女の名前を叫んでいた。同じ名前A子が多かった。ずっと後で分かったが、これは重度身障者の彼の妹の本名だった。幼い時から「A子ちゃんの面倒をみるのよ」と、壊れたテープレコーダーのように母親に言い続けられていた結果であったのだ。また父親や母親の名前を叫んで〔殺してしまえ〕と叫ぶのだった。家中が被害妄想に陥っており、何かの度に〝泥棒が入った〟と大騒ぎする異常な家庭であった。母親もOも過去への郷愁であったのか、その頃では平均的であったのだが、いかに自分達が裕福で立派であるかと世間には見栄を張った。自分達の異常さを世間にはひた隠しにして、身障者の妹が大声を出す度に母親はその声が近所に聞こえないようにと、急いで家中の雨戸を閉めきるのであった。

夫Oは利己的、わがまま、石のように頑な、本だけは読み覚えが早いので何とも言えない自分では正しいと思われる不条理な理屈を並べ立てて話すのだった。そういう彼の異常さに私が合わせていることには全く気づかないのであった。まだ結婚届も出していなかった半年の生活の後、私はフランスに行きたいからと彼に別れを申し出たが、彼は慌てて結婚届を出すからと言った。

誰でもが逃げ出すことが当然であろうこの家庭を、私は非常に気の毒に哀れに思った。特に夫Oは決して悪い人でも悪徳者でもなく、心底に良い夫になりたいとの強い切望があることが感じられた。Oは私を恐れているような感じで、私と距離を置いて接した。私は、それまでに出会った一角の人間になろうと将来を夢見て励んでいる、優秀で健康ではつらつとしたこの世の男性方には興味が持てなかった。私でなくても、もっと彼らに相応しい女性を見つけて立派に出世もするだろうと考えたりしていた。彼らには私が必要でない、気の毒で哀れなOだけが私を必要としていると思ったのである。Oの精神疾患だった故の、私には理解できない神秘さに魅力を感じたのかもしれない。もしかしたらOの病気を治すことができるかもしれないと思ってしまったのだ。傲慢にも、それはどこかで、あの〝光〟と出逢った私ならできるとの強い自負からでもあった。

それからの私は常にOを観察し、覚悟して子供を育てるようにして彼に接した。私のやり方で夫Oがどんどん変わっていくことに喜びを感じた。子供も二人生まれて傍目には裕福で幸福そうに見える家庭であった。数年経つとOの独り言もほとんど無くなってきていた。しかし、完治したわけではない。十年も経つと根本的には決して変わらないOに私は疲れきってしまった。子供たちを育てるためには家庭には健全な父性と母性が必要である。我が家には父性がなかった。また〇に関わりきっていた私は、彼にエネルギーを取られて充分な母性で子供を育むことができなかった。子供たちには苦しい思いをさせてしまった。疲れきっている私に全然気づかない〇を、私は相変わらず小学生低学年並みの精神状態であると感じていた。どうにもならなくなり当時ぼつぼつ開設され始めていた女性問題研究所に相談に行った。が、「あなたの家庭には父性がない」と言われただけで何の解決にもならなかった。

ここまでで、現代の精神医学なら、〇がアスペルガー症候群であると、すぐに診断できるだろう。今から四十年も前のまだアスペルガーという病名がなかった時代である。共に生活する私ははっきりと彼が精神疾患者であると分かっていたが、世の中では本人がひた隠しにする彼の病気を知る人はなかった。私も本人が隠したがっていることを騒いだり言いふらしたりすることはせず、それは本人の人格を侮辱することだと思っていた。あくまでも彼の人格を尊重することが、彼の病気を治す方法だとも思っていた。しかし時には彼に、「あなたは病気です。自分自身でそれを自覚しない限りあなたの病気は治りません」とか、母親が病気であることを指摘し、母親から自立するように仕向けた。これは夫婦である私だけが彼に言える言葉であった。私以外の誰かが彼にこのようなことを言ったら、彼は逆上して怒りだしてしまっていたと思う。

精神疾患を持つOと暮らす私の苦しみを誰にも話すことができずに、四面楚歌の私は疲れきって弱りきってしまい私自身が崩壊しそうな危険を感じた。私は離婚しないならOの親族と断絶する以外にないと考えた。自分たちは裕福で素晴らしい家庭だと世間に思わせ、自分たちの本当の姿をひた隠しにしていた親族は、疲れきってしまった私が親族と関わらなくなったことで、それまでも私を泥棒呼ばわりしていたのだが、ついに私が精神病になったと言っていた。当時、私はある病院の精神科で週一回だが絵画療法士として働いていた。私はOの本当の病名を知り、私ではなくO家の人々が病気であることを確認したかった。家裁に事情を話しに行った。誰かに事情を話して理解してもらいたいと思ったからである。家裁で、以前、夫Oの主治医であった精神科医の土居健郎先生を紹介された。先生は夫Oをよく覚えていた。私が、結婚以来、夫Oとどのように関わったかの書き物をお見せして、「私の方が病気になっているのではないか」とお聞きすると、先生は「あなたは病気になるタイプではない。あなたにならできるからOと離婚しないでやってください」と言われた。結婚以来徐々に、Oとの結婚をやり遂げることでこそ、あの〝光〟を証明できると思い始めていた私であったし、四十四歳の時カトリックで受洗した私は、〝離婚してはいけない〟と思っていた。離婚しようと思い土居先生にお会いしたわけではないが、やはり離婚できない自分を感じて非常に悲しかった。病院の傍にある教会の御堂に行って泣いた。先生とは病院で四回面接した。電車の中で偶然お会いして座りながらしばらくお話したこともある。その後、土居先生は年に二、三回それとなく私を励ます私信をくださり、私は大変助けられた。

土居先生は、Oの家庭内暴力があまりにも凄まじいので入院させたかったが、Oはどうしても入院しなかった。また、Oの母親が病気であるとも言われた。入院のことは、O自身から〝世間から精神病だと烙印を押されるから入院しなかった〟と聞いたことがある。土居先生にお会いしたのは結婚して十二、三年後のことだったと思う。

私には離婚したい気持ちも十分にあったが、次のようにも思えた。O家の一番の利点といえば世間並みに暮らせば生活に困らないことであった。離婚すれば私は経済的に自立しなければばならない。また離婚による子供たちの精神的ダメージも大きい。Oも離婚を恐れている。Oの経済的に困らないという利点を私がしっかりと生かしてO家に留まれば、O家にも私にも子供たちにも一番良いことだ。Oの経済力をO家の人々のためにとことん利用することこそ最善であると考えたのであった。私はO家に留まることで、離婚で消耗することになるであろう時間とエネルギーを、〝光を描きたい〟という絵画制作に転換させていったのである。

もう一つ、私と離婚すれば一人ではいられないOは、必ず次の女性を探すだろう。そしてまた離婚になるだろう。Oの犠牲になる女性をこの世にこれ以上増やしたくはなかった。私で終わらせたいと思っていたのだった。Oは二度離婚していたからである。

＊　＊　＊

当時の祈り　（一九八六年八月）

そう、同じ土俵で争ったりしてはいけなかったのです
いつも少し距離を置いて　見守る姿勢が必要なのです
それなのにわたしは　堪忍袋の緒が切れて　ついかっとなってしまいました

神さま
あなたは　あなたがわたしたち人間を見守ってくださっていることには気づかせず
しかもいつも　私たち人間に光を送ってくださっています
そのことが　何とわたしたちを自由にさせてくれていることでしょう
わたしもあなたに倣って　そのように振る舞いたかったのです

少しは　そうすることもできました
でもやっぱり　わたしは人間です

神さま
あなたも　わたしたち人間がいつまでもあなたに気づかず　あなたに甘えすぎて
自由勝手に振る舞い過ぎたら　お悲しみになりましょう
ましてや　わたしは弱い人間です
少しは　わたしに気づいてほしかったのです

神さま
あなたに倣って一生懸命やっていると　気づいてほしかったのです
あまりにもいつまでも　これで当然だと
自由勝手に振る舞っていてもらいたくなかったのです
とうとうどうにもならなくなって　大声を出してしまいました
勝手すぎると　大声で傷つけてしまいました

神さま
弱いわたしに　忍耐をください

じっと見守る　忍耐をください

そして　神さま
あの人の内にも　あなたのお恵みがありますように

＊　＊　＊

Oは教授であったから、大学という職場の足かせもあり無事に退官までを過ごした。私立大学の講師はしていたが、公立を六十五歳で退官すると世間とのつながりが無くなる。退官後、社会人コースを受け持っていたOに、四十代くらいの受講女性が〝小説家です〟と名乗って近づいた。彼女との交際が一、二年続くと、大学とは違った世界を知ったOは興奮して物凄い躁状態になっていった。ついに彼女から、五十万円の買い物をすれば三か月後に二千万円になるというマルチ商法を勧められた。彼女はOの退職金が目当てだったのである。狭い部屋に閉じ込められて三、四時間説得されたという。ついに仮契約をしてしまった。パンフレットを見ただけでそれがマルチ商法であることがすぐに分かった。興奮して目を吊り上げ、目を据えて話す彼を私が止《と》めても止《や》めるものではない。Oは自分が若い女性と楽しんでいるので、私が嫉妬して止めさせようとしているのだとさえ思っていた。マインドコントロールにかかった者を家族が止めても、ますます意固地になるだけのことを知っていた私は、〝家裁に行って弁護士に聞いてくるから〞と本契約を差し止めておいた。私が二回も家裁に行ったことや、銀行の重役だった身内の力を借りて何とか解約できた。Oのマインドコントロールが消えるまでにはその後二、三年かかった。後で分かったことだが、この商法に大病院の医長が手を出し、最初は職員を、ついに患者までを勧誘するようになり退職させられたという。

その後、私は疲れきってしまいOと関われなくなってしまっていた。話し合って週に一度食事を共にすることにして、Oは一階で母親と、私は子供たちと二階で暮らすようにした。マルチ商法事件の後、Oはますます私にまとわりつくようになっていた。Oは私と教会に行きたいと言い出した。教会は私にとってOと離れて自分に戻れる大切な場所だったから、教会にまでついて来られることを非常に重く感じたが、自分を受け入れてくれる人やグループには騙されていることも判断ができずに、すぐについて行ってしまうOを放っておくことはできなかった。私はOが早く教会に慣れるようにと、先に包み隠さず神父さまに事情を話しておいた。ご理解があり包容力のあった神父さまはOをよく理解してくれて、後、洗礼も授けてくださった。神父さまがOに広報の仕事を与えてくださったのでOはすぐに教会に慣れて、友達もできて教会を楽しむようにもなっていた。

教会で楽しんでいるOを見て安心した私だったが、思わぬ落とし穴があった。Oは先妻の息子夫婦から退職金や相続分を要求され始めたのである。世の中にはよくある話で驚くことではないが、気が弱く誰かに相談する勇気も知恵もないOは大変に困り、私に隠して話を進めようとしたのであった。一階と二階という別居生活でもあり、私に離婚されるのではないかと恐れていたOは、一九九七年頃から私に経済的なことを非常に隠すようになった。私への生活費を徐々に削るようになり、私の前にお金をちらつかせながら〝おれを愛してくれるならこれだけあげるよ〟というような態度をとるようになったのである。

女の名前を叫んだり父母を殺せと叫んだり、泥棒だとか精神病だとか言って私を誹謗するOやO家の異常さや奇行は、〝彼らの病気だ〟と思えば私の気持ちも何とか折り合いがつく。しかし、お金で私の愛情を迫るようなOの態度に私は傷つき、忍耐も底をついた。そんな軽薄な愛で私が彼と関わっていたのではないことを、彼は決して理解してはいなかった。生活費を渡す度にこのような態度をとる彼に、忍耐はここまでだと決心した。私は、ついに家庭裁判所に月々の生活費を決めて正式に別居させてほしいと申し立てた。これを知ったOは〝家裁の調停を取り消してくれ〟と土下座して頼んだが、私に動じる気持ちはなかった。

二〇〇〇年の春、数回の調停の後、婚姻費用を決めて別居の調停ができた。調停委員は、離婚したいなら離婚調停に持ち込んでもよいと言ってくれた。その時私は、私が離婚しても、私もOも先妻の息子夫婦も含めて子供たちも、家族全員の誰も幸福になれるとは思えなかったので離婚調停には持ち込まなかった。調停委員が、Oは離婚調停にまで持ち込まれなかったことに非常に安堵したようだ、と話してくれた。

その後二世帯住宅の生活だった私たちは、同じ屋根の下で完全に家庭内別居状態になった。私は彼と一切連絡をとらなかった。同居していた彼の母親が二〇〇四年に亡くなると、彼は一人暮らしをすることになった。それまでの経緯を考えると彼を一人にしておくことは大変危険なことであった。心配であったが私には彼に関わる力が無くなっていた。教会で彼の噂を聞いたり市役所の福祉課に頼んだりして、彼を遠くからそれとなく観察して見守っていた。それが精いっぱいであった。が、私は長く続くあまりにも息苦しい生活に耐えられなくなり、彼の母親が亡くなる前だったが、逃れようと信州の別荘を改装して引っ越してしまった。それでも時々上京してOの様子を遠くから見守っていた。

私と関われなくなって自分の老後を心配するOは、当然、先妻の息子を当てにすることは分かっていた。Oは老後の面倒を見てほしいと息子夫婦に近づいた。彼は私にしたと同じように彼らに財産やお金をちらつかせながら、彼の老後の面倒を頼んだのだった。しかし、Oの老後の面倒はみたくはないが財産だけは欲しい息子夫婦は、要求ばかりで一向に実質的に彼に関わってこない。Oは彼なりに、息子夫婦にお金だけ取られて放り出されるのではないかと恐れ始めていた。彼は私を待っていた。

気が弱く誰かに相談する知恵もなくて現実的な対処の仕方も分からないOは、全くのパニックになってしまった。私からの連絡も全然なく、母親の死で孤独になったことも重なり、混乱して錯乱して教会の仲間とだけでなく、家で一人大酒を飲むようになっていた。結果、二〇〇五年、晦日に心不全と診断されて二〇〇六年正月早々大学病院に入院した。

Oの主治医に呼ばれて行ってみると、もう三日間が山という重篤のOの枕もとで、相続を有利にしてほしいとOに詰め寄る息子夫婦を目の当たりにした。夫Oは私の顔を見るなり「ああ、来てくれたか。こうなったら全て君に任せる。金のことばかり言いだしたから」と、それまで隠し通していた全財産と実印を私に預けた。先妻の息子も入れて、子供たちと病院の相談室で今後をどうするか話し合った。私の息子は遠方で娘はまだ独立していなかった。先妻の息子もOの面倒をみる気持ちはない。正式に別居はしていてもOから全財産を預けられた妻の私が責任を持つ以外にない。こうして、五年間全く断絶していたOの経済と介護を引き受けることになった。

三か月間のOの入院中に、初めて、亡くなった母親の相続やまだ現存のOの相続のことで蜂の巣を突いたような有様になっているO家の人々の現状を知った。私の知らない間に、特に先妻息子夫婦の不条理な欲望が親戚中を巻き込んで凄まじい攻防であることを知った。確かに彼らの立場では早く相続分より多くを取っておかなければとの思いが強く、欲望の虜になってしまったのであろう。彼らの思いが分からなくもなかったが、あまりにも理性も知恵もない彼らの言動に哀れささえ感じた。私はこのO家の人々の興奮を何とかして治めなければならなかった。

私はその時、最も大切なことは、夫Oの命を助けるために今できるあらゆることを行うことだと思った。それだけに集中して動こうと心に決めていた。まず、長い間私から見放されて全く生きる希望をなくしてしまっているOに、生きる希望を与えることであった。人は誰でも、特に精神の弱いOにはそれが最も必要であった。別居調停をしている私とは今後一緒に暮らすことはできないが、私の家の近くに適当な介護付き老人ホームを探すから、そこへ入居すれば私と会えるようにもなるし、私も介護し易いと勧めた。彼は私がまた関わってくれることで安心し、生きる希望を取り戻し始めた。死の危険を乗りきって三か月後、退院することができ老人ホームに入ることも納得していた。だが、それまで五年間に息子夫婦から受けたマインドコントロールからは抜けきれないでいた。私と筋道を立てて決めたことを息子夫婦との面会の度に優柔不断に覆すOを、私は苦労して説得しなおさなくてはならなかった。これは大変な心労であった。このことはOの死まで続いたが、彼の遺言書は私を一番不利にしてあり決着がついた。私は、争わないためには私の法廷相続分を減らすことが一番の解決方法であると思い、Oにそのように提案しておいたのである。Oの死後までも不条理な親族と争いたくはなかった私の精一杯の知恵であった。

Oは、退院後一時、東京の介護老人ホームに入居し、その後、二〇〇六年十月に長野県諏訪市にある終身介護付き老人ホームに入居した。諏訪湖のほとりにあるカトリック系の新築ホームで、教会にも通えて諏訪日赤病院にも近かった。神父さまやシスター方、教会の方々の助けもあり、ホームに親しい友人もできてOは満足した生活を送れるようになった。元大学教授ということで彼を尊敬する方もおり、カラオケグループを作って歌ったりもしていた。

人は見守られ愛されている環境の中で、初めて平穏な精神状態になれるものだ。夫Oは特にそれが激しかった。大正生まれの彼は日本の伝統的な家父長制度に囚われていた。父母が彼に教え込んだものではあったが、本当の姿を隠し通す故に世の中から疎外される親族を家長として偏愛することこそが、彼の責任であると思い込んでいた。それまで非常な責任感と勤勉さで家長としてこの責任を果たそうとしていた彼だったが、それは彼の弱い精神力で耐えきれるものではなかった。彼が長男で家長であることを理由に、O家の親族は皆でOを頼りにし、彼におんぶに抱っこを決め込んで全面的に彼に頼りきっていたのである。時に彼は混乱し、錯乱し、彼の精神が破壊されるまでになった。しかし親族は「O家は頭がいいのよ」と放言するばかりで誰もOのそれに気づくことはなかった。Oはホームでの親切で好意的な人々に囲まれた生活や、私に全財産を預けたこともあり、初めて家長としての責任がない平穏な日々を送ることができるようになった。精神状態も徐々に安定していった。

八十歳になっていたOはホームでの生活で健康状態も回復したが、ホーム入居後、半年くらい後に胆嚢炎になった。胆石を取る手術で完治したが、Oは生涯、精神的な困難に遭遇すると必ず、何かしら病気になるのだった。私との断絶の五年間に大酒を飲み心不全になったことは当然であったにせよ、五年間の私との別居中でのストレスが彼を病気にさせたとも思った。彼は第二次大戦の最後の学徒出陣者となり、兵舎に集められいざ出陣とゲートルを巻いて庭に並ばされた時、隊長の出陣訓示中に「おれはひっくり返ってやった」と話したことがある。こうして彼は戦地に行くことを免れたが、〝ひっくり返ってやった〟との話しぶりに、彼の精神的な弱さと余りもの自己防衛の強さを感じた。Oは彼に解決できない問題に直面すると決まって病気になるのだった。Oが一生で罹った病気は十指に余る。病気になり誰かがそれを解決してくれることを待って、健康に戻るのだった。決して仮病ではなく本当に心不全や胆嚢炎、膵臓炎だったり前立腺癌だったりした。彼に関わる私は、問題の解決と彼の病気の介護で二重の負担になるのだが、彼はこれで生き延びるのであった。この彼から、心が萎えれば肉体も萎える、肉体が萎えれば心も萎える、人間の肉体と精神は切っても切れない関係で成り立っていることをまざまざと見せつけられ学んだ。

ホームに入っている彼でも無関心にして放っておくことはできない。常に私に甘えかかる彼を支えなければならないことの心労は並大抵ではなかった。が、Oには満足で平穏だったこのホームでの生活は二〇一五年に終わった。ホームが倒産したのである。倒産させた経営者の責任の重さは強く弾劾しなければならないものであったが、教会が関わっているホームだからと、年次会計報告もなかった経営者に安心していた私たち入居者家族の責任もあったと思う。教会がどの程度関わっていたかは知らない。もし教会が関わっていたのなら、経営者の芸者遊びが噂になり始めた頃に教会も入居者家族も何か対処すべきであった。土地家屋を売って何千万円ものお金をホームに預けてしまっていた人もいた。夫Oの経済的被害は少なかったが、全ての入居者に精神的、経済的に甚大な被害があった。弱い入居者が多く居る老人ホームである。突然、強制的に転居させられる入居者本人の痛みは測り知れないものであったし、彼らを支える家族の心労も大変なものであった。その後、裁判もあったが経営者は東京に逃げてしまっていた。これがこの世の現実であることをしっかりと覚えておきたい。老人ホームを倒産させることほど酷《むご》いことはない。

転居した次のホームに夫Oはなじめなかった。また別のホームに転居したが、三か月間に二度の転居は私にはきつかった。Oは全て私が仕切ってくれるものとしてただ座っている。もっとも八十九歳になっていたOは、心不全も重くなり前立腺癌にもなっていた。体力が落ちて弱ってきたOは何かと非常に私に甘えてくる。車で一時間かけてホームに通うことは私にも相当の負担になっていた。面会回数を減らす私にOは不満だった。私以外の人にも彼に関わってもらいたいと思い、私は彼の介護認定を申請した。日赤病院からホームドクターに主治医が変わり、日赤の時にはおりていた介護認定がおりなくなってしまっていたからである。認定者の訪問があった時、見栄っ張りのOははっきりと受け答えをしてまるで別人のように嬉々として話してしまった。認定者が帰った後〝上手に話せた〟と威張って満足しているのだ。これでは認定が通るものではない。介護者が少ないこの施設は健康な入居者には心地よい施設であったが、Oのように弱ってきている入居者には介護が行き届かなかった。私の面会も少なくなり、このホームではよく介護してくれないと、心細くなっていたOの小康状態だった心不全や前立腺癌が急に悪化した。

加えて重度身障者であった妹が死亡した。家長として彼女の相続を取り仕切らなければならないと思い込んでいたOは、狼狽して混乱、錯乱して、足も相当に弱っていたこともあり倒れもした。相続について何もできない自分から逃避したかったのかもしれない。言動も時々つじつまが合わないものになってきた。相続問題は妹の成年後見人であった弁護士に解決してもらったが、彼の衰弱、混乱は進んでしまった。このホームには置いておけない状態になってしまった。すぐに特別養護老人ホームに転居したが、まだプライドだけは残っているOは、死を迎えるだけの人々が居るようなこのホームが気に入らなかった。ますます混乱し、錯乱してスタッフを困らせたのである。心不全も前立腺癌も進んでついに肺炎になった。日赤病院の神経外科でMRI検査をして〝せん妄〟と診断され、脳神経内科に入院することになった。入院の時の彼の暴れ方は尋常ではなかった。脳神経内科というだけで彼は拒絶反応を起こしたのであった。安全ベルトで彼をベッドに縛りつけなければならなかった。主治医の先生から、それまで飲んでいた〝精神安定剤を全て止めます〟と言われた。彼が暴れるので、前の主治医は何とかしようとどんどん薬を増やしていたのだった。〝薬を止めれば治る〟と言われて納得できたが、医師を信用することしかできない患者は、時に実験台になってしまう恐ろしさを感じた。

ＭＲＩの検査によると彼の認知症はそれほど進んだものではなかった。せん妄については落ち着いてきたので何も説明がなかったが、精神科の先生は私に、「彼はどういう性格ですか」と聞いた。私は答えに窮しとても説明できなかった。次の面接の時、私がそれまでに書いた彼についての全ての書き物を先生にお見せした。三回目の面接で先生は、「読ませてもらった。一読してすぐに、彼はアスペルガー症候群だと分かった。二、三十年前から分かってきた病気で前は分からなかった病気です」と言われた。私はどんなにほっとしたかしれない。彼が精神疾患者であることは分かっていても、彼が嫌がることもあり精神科で本当の病名を聞くことはなかった。はっきりした彼の病名を知りたいと結婚以来ずっと思い続けていたことが判明して、どれだけ安心したかしれない。またＯも九十二歳にして本当の自分の病気を知ることになったのである。私はさらっとこの病名を彼に伝えた。彼は黙っていたが納得した様子ではあった。

日赤病院の脳神経内科病棟のスタッフの介護は非常に行き届いていた。私も頻繁に面会に行き彼と話した。優しいスタッフの対応と私の頻繁な面会で一週間もすると彼は大分落ち着いてきた。安全ベルトも取れて椅子に座って私と面会できるようになっていた。まだ意味が分からないことを言うこともあったが、しっかりと話すこともあった。十日も過ぎると壁に寄りかかりながら用も足せるようになった。この時ほど、人間はどれほど自分を理解し認めて優しく接してくれる人を求めているかと思い知らされた。精神疾患を持つ彼には特にそれが必要なことであったが、これは彼を通して全ての人間の心底にある愛への希求を私に見せつけたのであった。彼は、後から入院してきて安全ベルトに縛られている老人を気遣うようなこともあった。自分がしてもらったことを彼なりに誰かに返したがっている彼を見た。一か月もすると大分落ち着いた彼になって、面会室で諏訪湖を眺めながら話したりもした。

三か月と決まっている入院期間を過ぎると、彼がなじめなかった元のホームに彼を返すことはできなかった。先生やケアマネさん、役所の福祉課などあらゆるところにお願いして日赤病院退院後の彼の行き場所を探した。幸い下諏訪町のS病院に入院後、ベッドが空くのを待って同じ病院内の介護老人福祉施設Hに入居させてもらうことができた。ここがOの終《つい》の住処となったが、Oは二〇〇六年からの丸十四年間に九か所のホームや病院を転々としたのであった。

福祉施設Hは、日赤の精神科と同じように非常に行き届いた介護がなされていた。Oも満足してここに入居後歩行器で自由に歩けるようになり、4だった要介護度が2になり会話もしっかりしたものに戻った。妹の死亡がきっかけであれほど錯乱したOだったが、生来のOを思わせるOの姿に戻っていった。子供のようになり、夫婦なのだから当然、私が毎日でも面会に来てくれるものとせがむようになっていた。私を最も困らせたのは、〝愛しているか〟〝愛してほしい〟を繰り返す彼の言葉であった。もし私が彼を喜ばせようと〝愛している〟と彼に言えば、彼は舞い上がってますます我儘になり次々と我儘を要求するようになることを知っていた私は、決して〝愛している〟とは言わなかった。彼にはこれが不満だった。何とか私に〝愛している〟と言わせたいがために、頻繁に電話をかけてくるようになった。施設でも我儘になったOをなだめるために私に電話をかけさせるようになっていた。彼は、恋人同士のような愛、いわばエロスの愛を私に要求しているのであったが、私は彼からストーカーに遭っているような心持ちになり、ストレスがたまる一方であった。Oを恋人や夫だと思って関わっているわけではなかったからである。私は、〝自分を愛するように、隣人を愛しなさい〟と教えた、あの二十歳の時の〝光〟から、〝最後までOに関わりなさい〟と言われているような気持ちで彼に関わっていただけなのである。こんな状態が二〇一九年の春から秋まで続いた。私はOに何とかして私へのストーカー的行為を止めさせたいと考えた。

彼は生涯、耳から入る言葉ではそれを理解できないことが多かった。しかし、文字で書かれている文章からなら理解し覚えもした。私は、文章なら分かる彼に、私が彼と関わることでどれほど傷つき苦労しているかを文章で彼に知らしめることが必要であると思った。彼のあまりにも強い依存心を断ち切るためにとは言え、九十三歳である老衰した彼に過酷ではあったがそうすることにした。彼の置かれている立場と、倒れそうになっている私の立場を文章にして彼に読ませることにしたのであった。そして大変不思議な話ではあるが、これを気づかせてくれたのはあの〝光〟であった。

以前、相続問題が起きた時、Oは混乱してパニックになり、法的にも誰が考えてもあまりにも不条理な提案で私を困らせたことがあった。彼は何回も電話をよこして私に迫った。その時も長時間の電話で彼と話していた。突然、私のみぞおちのあたりが透明な空洞になり、重さの無い勾玉《まがたま》のようなものが私の胸の空洞の中に飛び込んだのだった。私は〝これは何だ〟と思い、瞬間、〝あ、イエスさまが飛び込んだ〟と思ってしまったのである。すぐに電話を切ったが、〝イエスさまが私の身体《からだ》に居てくださる〟というこの思いが、この時から私に定着してしまっていた。この思いに助けられて、その後一年かかったがこの難題を解決することができていたのであった。

ストーカーのように執拗なOからの電話が続いていたある日、長時間イコンを描いていた私は一休みしようと立ち上がった。その時電話が鳴った。すぐにOからの電話であると分かったが、イコン制作中の静寂に満たされた心持ちのままに電話を取った。普通なら私の肉体（ああ、またOだという人間的感情）が邪魔して、それを抑えながら努力して話すのだが、この時、何の努力も気負いも無く、まるで身体が透明になったような閑《しず》かさの中でOと話していた。私と話すことでOが心から満足して電話を切った時、自分でも驚くほどに閑かにOを満足させて話をした自分を訝《いぶか》しんだ。私がこんなふうにイエスさまの愛の様な話し方で話す力があったのかと、その瞬間、私はまるでイエスさまが私の身体を乗っ取ってくれたかのように感じた。急に私の身体全体が透明になっているように感じた。〝イエスさまが私の身体を乗っ取って話してくださった〟と思い、嬉しくて部屋中を小躍りして回った。と同時に、聖書からにじみ出るイエスさまの愛が私の肉体を駆け巡り、これこそがイエスさまのお姿、神さまそのものの本当のお姿であったと、神さまの愛を私の透明な身体で見るような感じがしていた。

私は、私の感情を捨ててこの閑かさの心持ちで文章を書けば、それがどんなにOを突き放した文章であろうとOに私の思いを伝えることができるだろうと、その瞬間に思ったのだった。Oとの長い年月を羅列した短い文章を書いて、次の面会の時、帰り際に彼に渡した。私は最後に、だから今後〝愛している〟と絶対に言わないでほしい、私がこうしてOさんと関わっているのは、〝ただただ私の温情からです〟と書いたのだった。私が最後まで面倒をみるから何も心配しなくてもいいし、優しいスタッフに囲まれたこの施設での老後がどんなに幸福なことか、毎日を感謝で過ごすようにと結んだ。

キリスト教では〝神は愛〟と言う。多くの人々が〝愛〟を説くが、本当の〝神の愛〟を理解している人は少ない。特にOの一生はエロスの愛までであった。慈愛には愛の文字が入っているし慈悲や哀れみではOは見下されていると感じるであろうと思った。私は、大正生まれの彼には愛の字が含まれない〝ただただの温情〟が良いと思いついたのであった。これを読んだOは、それからは〝愛している〟を言わなくなり盛んに私に話しかけるようになった。軽い認知症もあり時には漫才になるような会話もあった。

O「君はおれの何だっけ？」私「あら困った。夫婦じゃあなかったかしら？」「そうだ、子供はいないよな」「まあ、大変、忘れてしまった？　○○と△△が、居るのじゃあなかったかしら」「あ、そうだ、○○と△△がいた」「よく思い出したわね。○○と△△ですよ」「それで、その父親は誰だい？」ざっとこんな会話が繰り返されて、私は「さようなら」をして面会を打ち切るのだった。ある時Oは確かめるようにポツンと「君の愛は温情なんだよね」と言った。その後の彼はますます盛んに自分自身を語るようになっていった。

Oは心底の言葉を発する時、額の汗を拭うようなしぐさをするのが癖だった。その時もそのような手つきをしながら話し出した。

　Ｏ「おれの人生は変な人生だった。みんなに悪いことばかりしてきた。おれは悪いやつだった。大勢の人を傷つけた。おれは頭が病気だったらしい」私「気づいていたの？　そうね、頭の中が、みんなとちょっと変わっている病気だったのよ」「おれは一生ずうっと、みんなのような普通の、ただ普通の家庭が欲しいと思っていただけなんだ。だけど出来なかった。それがおれの一生の望みだった」「そうね、二回も離婚したから。どうして出来なかったのかしら」「おれの頭が変だったからだろう。おれは悪い奴だった。大勢を傷つけた」「Ｏさんは、頭の中がちょっと変わっている変人だったから。前の奥さんたちはひどい目にあったわね。でもいいじゃない？　三番目の奥さんがここにこうしているんだから」「君をひどい目にあわせた。君に悪いことをした。君には我慢させた。おれは悪い奴だった」「大丈夫よ。安心していいのよ。世の中には良い変人も悪い変人もいろんな変人がいっぱい居るんだから。私も変人よ」Ｏは頬で笑って、「ああ、おれは悪い変人だ。君は良い変人だ」「それは良かった。有り難う。三番目の良い変人の奥さんが、最後まで面倒みるから。Ｏさん、安心していいのよ。良かったわね」腹の底から絞り出すような呻《うめ》きに似たこの告白で、Ｏは救われたのだと思った。Ｏは一生、平和な普通の家庭を持ちたいと望んでいたが、それは彼の病気ゆえに叶うことはなかった。九十四歳になっていたＯ

は、やっとそれが自分自身のゆえだったことを心から認めて告白して、自分自身と自分の人生を受け入れることができたのだった。私は、このことでOが心底から安らかになったことを、Oのためにも私のためにもどんなに有り難く、感謝したかしれない。

Oと親しく話せたのはこれが最後だった。その後も病室での面会が一、二回できたが、二〇二〇年になるとコロナ禍での窓越し五分間だけの面会になってしまった。窓越しでの面会はOには寂しいものであったが、コロナについて詳しく説明した文章を送っておいたので、彼はコロナを受け入れていた。全く隔離された施設の中で徐々に衰弱していくOに、私はOの最期が近いことを予感し始めていた。二〇二一年の二月に面会した時、窓越しではあったが彼の写真を撮った。にっこり笑った顔に、スタッフが「いい顔でしたね」と言う。私は「春まで持てばいいのですが」と答えた。

三月十一日の真昼に病院から呼ばれた。一時間ほどで駆けつけてみると、救急治療室に移されたOがいた。施設で昼食を終えた後、仲間の皆さんと食後の団らんを過ごしている時、椅子に座ったまま急変したという。スタッフは気を利かせて私とだけにしてくれた。大変安らかな死で、苦しみもせずにこの世の試練から解放されて天で憩うことになったOに、私は「良かったわね。もう苦しまなくてもいいのよ」と囁いた。召されたOを何か羨ましいように感じた。私は亡くなられた方全てに、誰にでもこのような思いをするのだった。この時のこの言葉も確かに旅だったOへの別れの言葉ではあったが、夫Oに関わったこの世の私自身への別れの言葉でもあったような気がする。まだ眠っているように温かいOの顔を撫ぜながら、Oの苦しみが終わって私の苦しみも終わったような、この世での二人の苦しみが終わったような、Oも私もこの世の試練から解放されたような強い思いでいっぱいになった。Oが苦しみもせずにこの世を去れたことも私の喜びではあったが、Oと最後に交わした会話から、自分を受け入れて死んでいったOは確実に天国に行けたと確信できて嬉しかった。幾多の試練と困難を乗り越えてOを天国に送ることができたことに感謝し、喜びでいっぱいになった。Oとの結婚を〝成し遂げる〟ことこそ、〝光〟が私に与えたミッションである、〝これを成し遂げる〟ことで〝あの光をこの世に知らせることができる〟と思い込んで生きてきた私は、Oの死と共に、Oと一緒に天国に上げられたような喜びの中に居たのであった。〝これで終わった、成し遂げた〟の安心と喜びでいっぱいになり、葬儀準備を終えて夜遅く帰宅した私は、〝光が私に成し遂げさせてくれた〟と両手を上げて小躍りし、感謝したのだった。

でも、私のしてきたことの小ささも思った。私が〝成し遂げた〟と思えたことは、たった一人に関わっただけのことであった。この世で言う〝辛い結婚生活だったけれども最後まで離婚せずに済んだ〟というだけのことであった。世界や国家を救うような大事業でもなく、この世の人々に賞賛されるような華々しい仕事でもなく、全く平凡な〝成し遂げ〟でしかなかった。それでも私は〝成し遂げた〟ことが嬉しくて仕方ない。この小さな成し遂げを、〝光〟が褒めてくれているように思えるからだ。私の内にある〝光〟から「よくやった」と褒められる時、私はノーベル賞でも貰ったかのような喜びに浸れるのである。

精神疾患者であったOというこの世で最も恐れられ軽蔑される者との結婚を貫いたことなど、あまりにも無意味でつまらないことであったとこの世では評価する人もあろう。それでも私は、この世では理解されない軽蔑されるだけのあまりにも小さなことの中に、〝光〟からいただく無上の喜びがあることを分かってもらえたらと思う。これこそがこの世から解放されるという、天国での喜びのような無上の解放の喜びなのであるから。

＊　＊　＊

神さま

こんな小さなことの中に喜びを知るという私の肉体《からだ》をお与えくださった神さまに、

無上の喜びと、感謝を捧げます。

『聖三位一体』

四 神

三位一体《さんみいったい》

三位一体はキリスト教の根幹をなす教理で、神は父（神）と子（イエス・キリスト）と聖霊の三位からなり、唯一の神として存在するとの説明がされる。理解するには非常に難しく、キリスト教誕生から多くの議論がなされて今日も続けられているようだ。神学者でもなく本も読まない私は、それを説明して議論する能力は全然ない。

ただ八十歳を超えたこの歳になってみると、長い信仰生活の中で父である神や子であるイエスや聖霊を実感したことも多く、神が三位一体の唯一の神であることを身体《からだ》で感じられるようになってきている。この書き物は学者ではない私の感想で、神学を研究されている方々にお叱りを受けるかもしれない。が、私なりの三位一体の神さまをここに書き記しておこうと思う。

1　父である神（神さまはゴムのない風船、私はその中に居ます）

（二〇一六年七月八日〜二十日）

このタイトルを見て、あまりにも奇異に思われるかもしれない。私は、確かに時間的には閃きのように急に、このタイトルの世界に漂わされてしまったが、これに至るまでには、やはり経緯があったような思いがある。もちろん、経緯は私の誕生までに遡らなければならないのかも知れないが、直接にはこの一、二年の出来事が、私をここに導いてくれたような思いがある。そのことから話を始めたい。本題に辿り着くまでに長くなるが、お読みいただけたらと思う。

二〇一六年の私は、心にゆとりができて枝の主日からの聖週間の御ミサ全てに与かることができた。受洗した当時が思い出されて心豊かになっていた。三月二十七日、御復活祭の御ミサに与かり少し高揚したままの気分で帰宅した。しばらくの休憩の後、句でも作って遊ぼうと次の句を詠んだ。

①　この世をば夢と想いて桜かな
②　老師発つ復活の日の桜かな
③　復活日あそこ（天）で会おうと発つ老師
④　あの世での再会笑い発つ老師
⑤　天で会う約束交わす復活日
⑥　天で会う約束も善し復活日
⑦　復活日抱かれて眠る児の平和

⑧　復活の卵を配る子の笑顔
⑨　主の平和　あなたの胸にありますか
⑩　鳩一羽飛び立つ平和復活日
⑪　夢事の浮き世に咲けり桜花
⑫　桜花憂き世に咲いて楽しませ
⑬　桜花夢事に咲き見事なる

⑭　墓造る計画ありて復活日
⑮　教会の墓地に通いて復活日
⑯　墓の案　何枚も描く復活日
⑰　墓造り嬉しさあまる復活日
⑱　墓建てる計あり嬉し復活日
⑲　墓に入る我を夢見て復活日
⑳　我が灰を見つめる我が子に平和あれ
㉑　過ぎ越した者だけにある主の平和
㉒　過ぎ越しの難しさ知る主の平和

㉓　過ぎこせば灰の閑かに眠る墓
㉔　我ここに眠ると思い主の平和
㉕　夢事や七十六歳復活日
㉖　嬉しさは我が灰墓の中に見る
㉗　我が命　土に戻せる安堵かな

㉘　水仙の咲きそろいたる復活日
㉙　麦の芽の一面青く遊ぶ猿
㉚　我が子抱き麦の芽摘まむ猿のどか

復活日の高揚が残ったまま何となく心楽しく過ごしていた。三月三十一日、昼食を食べている時だった。窓いっぱいに広がる木々の枝が風にそよいでいる。梢の向こうにほんの少し見える空は深く青く輝いており、粗食だけれども新鮮で美味しい野菜を嚙みしめながら、ああ、こんなに素晴らしい自然を眺めながら、こんなにも美味しい食事をいただける自分は何と幸せなことだ、この瞬間でさえ世界の何処かには飢えて苦しんでいる人々がいるというのに、とあまりもの有り難さに箸を置いてしまった。その時、瞬間、窓いっぱいに広がる枝のそよぎと空を眺めながら、〝ああ、この宇宙は神さまの細胞のようなものだ。宇宙の全てが神さまを形作っている細胞なのだ。地球上の私もまた、神さまの細胞として神さまの中に組み込まれているのだ〟と神さまの体の中に居る自分を実感したのだった。この瞬間の喜びは言い表せない。体中の力が抜け切ったような安堵感で、神さまの中に漂っている自分を発見していたのだった。

この日、この思いを句にしようと試みてみた。

㉛　天に居る我が見ている今日の我
㉜　天の川の一つに地球を見る宇宙
㉝　果てしなく続く宇宙の閑かなり
㉞　閑かなる宇宙そのものが主なるか
㉟　この宇宙　主の胃袋の中なるか
㊱　星は主の細胞にしてうごめける

ここまで作って何かに中断され、忙殺されて句を作ることが出来なくなってしまっていた。でも、この〝全宇宙、この世の全ては神さまの中にあり、その一つとして私は組み込まれ私の見るもの聞くもの考えること全て、このちっぽけな私の体は、ただ神さまの中で誕生させられ神さまの中でうごめいて神さまの中で神さまによって消されて（死）いくだけなのだ〟、という感覚が私を捉《とら》えて離さなくなってしまった。この時から、私は神さまの体の中に生かされているだけなのだという、この感覚に取りつかれて深い安堵感の中で生きるようになっていった。

四月九日、神さまの体の中に居るこの私の安堵感を何とか表現してみたいとまた句を作った。

㊲　幾多《あまた》在る宇宙抱えて神一つ
㊳　無限在る宇宙抱えて神一つ
㊴　無限在る宇宙抱えて神無限
㊵　無限なる神が宇宙を抱えおる
㊶　無限なる神一つにて無限なる
㊷　無限なる宇宙そのものが主の体
㊸　世の全て主の体《たい》そのものの中に在り

㊹ 我は主の体の中にて生かされる
㊺ 我が体は無限なる主の一原子
㊻ 我は主の井の中の蛙　主を知らず
㊼ 生き死にも主の体の中　この平安
㊽ 主の体で生まれし我は主に消ゆる
㊾ 天国も黄泉も無く主の中に消ゆ
㊿ 幼児にて地球回れる主を見たが
(51) 今は主の体内に在る我を見る
(52) 閑かさは在るという主の中にある

しかしここまできてこの神さまの体の中に在るという私の安堵感は、どうしても五七五の文字だけでは表現できないと思ってしまった。直ぐに〝句ではだめだ。文章にしよう〟と思ったのだった。そして今日こんなタイトルで文章を書くことになった。

これからの文章はあまりにも突飛で、キリスト教の教義から外れていると思われる方がいるかも知れない。神学を学んでいない無学の私の戯言であると思う方がいるかも知れない。それでも私は神さまの体の中であまりにも自由で平和に、安堵して暮らしている自分を皆さまにお知らせしたいと思う。

＊　　＊　　＊

神さまはゴムのない風船のようなもの

最初、私はこの安堵感のイメージを、すぐに、〝聖霊だけで充満されたゴム風船の中に居るようなものだ〟と感じた。でも神さまにはゴム風船のようなゴムという枠はない。前述の句にしたように、神さまは私たち人間には想像もできない数多ある銀河系やブラックホール、まだ人間の知らない宇宙にある何か等々、全宇宙の全宇宙を抱え込んで無限で、一つなのだと思う。その中の一点として銀河系があったりこの地球があったり、地球上に存在する全てがある。そして私がある。これら全ては一つの神さまの中にあるのだ。言ってみれば私たちの体が私たちの体の中にある一つ一つの細胞で成り立っているように、神さまは宇宙にある全て、銀河系もブラックホールも太陽も地球も、地球上にある全て、空気も水も生物も時間も空間も全宇宙の全てを、神さまを形作る細胞のようにしてご自分の中に創られ、神さまとして存在しておられる。

こうして神さまはゴムのない風船のように一つで、神さまは全宇宙を、もちろん私たち人間も神さまに必要なものとしてご自分の中にお創りになった。丁度私たちの体がどれも欠けてはならない細胞で作られているように、神さまはこの全宇宙を、私たち人間を、神さまに必要な細胞のようなものとしてご自分の中に収められた。

そしてこの神さまは無ではなく聖霊だ。この神さまは初めから聖霊の塊のようなもので充満されて神さまを形作っている。言わば神さまの細胞のような全宇宙、太陽も星も地球も月も地球上の全て、時間も空間もましてや人間も動物も植物も無機物さえ、全宇宙が神さまの聖霊に浸透されて充満されていることになるのだ。なぜ私は初めから聖霊と言うのだろう。それは、神さまが私たち人間に御子であられるイエスさまをお送りになって、私たち人間に神さまの本当の姿をお示しになられているからだ。イエスさまを通して神さまはご自分が悪霊ではなく、全きの愛である聖霊であることを私たち人間にお示しになられている。

神さまは最初ご自分に必要な細胞のようなものとして、ご自分の体の中にご自分を模《かたど》って人間をお創りになった。このように書くと、神さまはゴムのない風船のようなものだと先に書いた言葉と矛盾すると思う方がいるかもしれない。疑問に思われる方には、先の言葉を〝神さまはゴムのない人間の形をした風船のようなもの〟と訂正してもいい。どちらでも同じことでもともと神さまにはゴムという枠は無いのだから。

神さまに模られて創られた人間は、聖霊そのものの神さまに模られて出来ており、もともと聖霊に充満された神さまの中にいるのだから、聖霊に満たされて本当に平和だった。神さまも満足なされていた。だが人間たちは、神さまのように知恵のあるものに成りたがって知恵の木の実を食べてしまった。そしてもともと神さまの中に組み込まれている人間であるのに、神さまの外に出て神さまと同等になり対等になろうと神さまの中でいろいろといたずらを始めた。これは言ってみれば、人間の体を形作っている細胞が人間の体の外に出ようと試みるようなことだ。

神さまは人間たちのいたずらでチクチクと体が痛む。もともとは聖霊だけで満たされているはずの神さまの体に異物が入り込んできてしまっている。もちろんこの異物すら神さまの中でのことで、ちょうど私たち人間の体が病気になったようなことだったが、神さまはご自分のこの痛みを神さまだけが出来る神さまだけの方法で治そうと試みた。神さまはご自分自身を御子イエスさまとして人間世界に送り込んだ。このご自分自身であるイエスさまのみ言葉、生き様を通して、神さまに創られた最初の人間の姿、聖霊に満たされて平和に神さまの中で生きることが出来る人間を取り戻そうとなされた。神さまご自身の痛みを取り除こうとされて私たち人間に御子であられるイエスさまをお示しになられたのだ。

神さまは私たち人間に神さまご自身であるイエスさまを御子として送り、人間たちが分かるようにイエスさまを通して具体的に、言葉と生き方で神さまのみ姿を私たち人間に示された。全くの神さまであられても人間として模られたイエスさまは全くの人間でもあったから、人間は、イエスさまを人間として十字架に架けてしまう。これもご自分自身を人間世界に送り込んだ神さまご自身のなされたことではあるが、神さまはご自分自身の中にある人間世界を、ご自分が最初に創ったような聖霊に満ちた人間世界に戻そうと、イエスさまの死を通してイエスさまをご自分に戻した後、人間世界に聖霊を吹き込み聖霊で満たして、人間たちのいたずらで痛むご自分の体を治そうとなさった。こうして人間は神さまから創られた最初の人間の姿に戻ることができているはずだ。このことに気づくと、神さまはゴムという枠のない風船のようなもので、神さまご自身が聖霊であり、イエスさまもまた神さまご自身であり聖霊であることが分かる。神さまもイエスさまも聖霊も唯一の三位一体の神さまであることが分かる。この神さまの中に全宇宙がある。数多ある、無限にある宇宙の全部を全宇宙と私は言いたい。この全宇宙は枠のない神さまの体の中にあるようなものなのだ。原子はこの世のものを形作っている最小のものと言われる。細胞の代わりに原子と言い換えてもいい。丁度、私たちの体を形作っている原子のように、この全宇宙、全宇宙を超えたもっと別の何かもあるかも知れない。それら全ては神さまの原子で、この原子を神さまは包括しているのだと言えよう。

私がなぜここでイエスさまのことを長々と書いたかは、私が〝神さまはゴムのような枠はないが、風船のようなもの〟と言うと、多くの人はだいたいイメージができ、その中は聖霊で充満されており、私はその中に漂っていると言うと、それもイメージしていただけると思う。そして容易に神さまと聖霊が一致していることを感じられると思う。ですがここには御子がいない。私がこのゴムのような枠はないけれど風船のような神さまが、〝全くの神さまとして聖霊に充ちているのだ〟と思えるのは、神さまが神さまご自身である御子イエスさまを私たち人間にお送りくださって、み言葉で神さまのみ姿を私たちに見せてくださったからだ。私にとってこれは大変大切なことだ。もしイエスさまが居なければこのゴムのような枠はない風船の神さまは、もしかしたら悪魔のような霊で満たされることになるのかも知れない。だが私は、神ご自身である御子イエスのみ言葉と生き方によって、神さまが真、善、美であり限りない全くの愛であることを知ったのだった。このことによって、この枠のない風船は、この真、善、美、限りない全くの愛の聖霊によって満たされていることを体で感じることができたのであった。私には完全なる神さまであるイエスさまが居られないと、もしかしたら聖霊が悪霊になってしまう。それは困るのである。イエスさまは絶対に居ていただかなくてはならない。そして、私はこの枠のない風船のような父と子と聖霊の全きの愛の三位一体の神さまの中に漂っている。このことは何という安堵であろう。

私は長い間、神さまを私の外に置いて、神さまを見ようとしたり神さまを知ろうとしたり神さまに近づこうとしたりしていた。しかし今、神さまの中にいる私は、私の体の細胞が決して私の外には出られないように、私も決して神さまの外には出られない自分を知っている。

〝井の中の蛙大海を知らず〟と言われる。これとは少し違う意味かと思うが、井戸の中の蛙が井戸の形を知ろうとしたら井戸の外に出なければならない。井戸からは出られない蛙は、永遠に、決して井戸の姿形、井戸の真実を知ることは出来ない。私も同じことであった。神さまの外に出て神さまを知ろうとしても私は決してそうすることは出来ない。神さまには枠がないのだから。枠のない風船のような神さまの中に居る私は、決して神さまから出ることはできない。神さまの外に出られない私は決して神さまを外から見ることはできない。

それを何ということだろう！　幼少の頃一瞬のうちに地球を何周りもしている神さまを感じた時から今日まで、〝神さまって何だろう〟といつも私は私の外に神さまを探し求めていた。私はいろいろな神さまにお会いしてきた。二十歳の時どのように生きればよいかと、私を生きるか死ぬかの窮地に立たせた神さまは、私を光の中に誘いこの光で生きることを教えてはくれた。が、それは束の間のことで、無知な私はこの光で生きることの難しさの中でこの光に翻弄されながら、ただこの光が何であったかを探し求めて生きてきた。神さまが空いっぱいにあり覆いかぶさり、聖霊を降らしながら私を包み込んでいる神さまや、私が夫のことで窮地に陥った時、イエスさまが私の体の中に飛び込んでくれたような感覚にさせて、私の体の中でイエスさまが動いてくれたような感覚にさせて私を救ってくれた神さまもいた。そしていつも何らかの神さまが私に取りついて離れてはくれなかった。でもそれらの全ての神さまはいつも〝私と神さま〟という感じで私の外にあった。そして今、私は〝神さまが私をすっかり包み込んでいる〟というのではなく、〝私は神さまの中にいる〟。全宇宙が全きの愛の聖霊に充たされた一つの神さまで、私はその中に漂っているだけなのだ。これほどの安堵感はない。私はこのゴムのない風船のような枠のない神さまの中に居るのだから、決してこの神さまの外には出られない。私はただ神さまの一部に組み込まれているだけのものなのだ。

もう私は今までのように〝神さまって何だろう〟などと神さまを探し求める必要はない。私は、全きの愛の聖霊そのものの神さまの中で息をして行動し、飲み食べ見聞きし感情を持ち人間として生きている。何とこれらはちっぽけなことだ。私が生きていることは神さまのお腹の中で昼寝をしているようなことだ。そもそも私の誕生さえ、神さまは何か神さまの必要で私を生れさせることにしたのに違いない。丁度、水の中の空気が何かの拍子に泡となって生まれるように、私も神さまによって神さまの中に神さまに必要なものとしてポコッと誕生させられたのであろう。死もまた〝これはもう人間の形としては消えてもいいよ〟と神さまがいつか私を消すことになろう。どっちみち神さまの中での出来事なのだから、死とは丁度神さまの中で寝返りを打つようなものかもしれない。さっきまで右向きに昼寝をしていたけれど、左に寝返りを打ったら死んでいる。これが死だと感じられれば、ああ何と安心なことだ。私は神さまの中で生れさせられ神さまの中で生かされて、神さまの中で神さまによって神さまの中に消されていくだけなのだから。私はもう〝神さまって何だ〟と詮索する必要はなく、私の誕生も私の一生も私の死も神さまの中の出来事として安心していればよいのだ。私はもう決して出ることは出来ない神さまの中に居るのだから。嬉しいことだ。安心なことだ。今の私は神さまの中で、あえて言えば、神さまのお腹の中で聖霊に充満されてただ生きているだけなのだから。

そうかと言って私はやはりこの地球上のこの現実の中に生きている。過酷であまりにも汚れた世界だ。地球上には戦争があり災害がありテロがあり難民問題があり飢餓があり貧しさがありあらゆる惨状がある。大きなことから小さなことまで人間社会の争いは絶えることがない。悲惨さは絶えることがない。誰でもが平和で幸福でありたいと切望しながら、沢山の試練に遭いながら生きなければならない。そして、人間の欲望は絶えることがない。

私の日常の生活を見る方々の中には、私が一人暮らしをしてイコンを描きながら勝手気ままに呑気に生きて〝何の苦労もない人〟と思う方が、あるいはおられるかもしれない。しかし、神さまから与えられた私の人生はそう生易しいものではなかった。試練は次々に覆いかぶさってくる。神さまによってこの世から消される時まで今後も多くの試練に出会わなくてはならないだろう。それが何であろう。〝ゴムのない風船のような神さま〟を発見した瞬間から、私の人生に起こる全ての事柄はあまりにもちっぽけな遠いものになってしまった。

神さまの中に漂いながら、神さまは私の生きる場所として地球上のここ、この場所（この人生）を私に選んでくださったのだと思う。どんなに悲惨なことがあっても、どんなにつらいことが起きても、どんなに不条理なことに出会っても、それら全てはただ神さまのなされることとして受け入れ、現実的な問題は私の出来うる限りの知恵をしぼって対処し、解決の道を探っていくだけのことだ。

私はここにこうして神さまの中に漂っている。ただ生きていることだけがあまりにも有り難くて平和なのだ。私が長生きをすればこの先、神さまはもっと素晴らしい神さまを私に見せてくださるのだろうか。いや今、神さまの中に漂っている私だから、今後私はこれ以上神さまを詮索することはない。ゴムのような枠はない風船のような神さまの中にいる私だから、もう決して神さまの外には出られない私だから、安心してこの神さまの中に漂っていればいい。それがどんなに安心なことか、体中の力が抜けきったようなこの安堵感を皆さまにお知らせしたいと思いこれを綴った。

＊　＊　＊

宇宙について

私はこの書き物の中で〝数多ある無限にある宇宙の全部〟と書いた。今の宇宙図鑑を見ると、宇宙の始まりから現代まで膨張し続けている宇宙はただ一つで、真ん中にブラックホールを持つ無数の銀河の集まりから出来ていると説明されている。そして、時間と空間を超越しない限り、この一つの宇宙から抜け出ることは出来ないという。私はいつ頃からか、私が幼少の頃、天の川以外の銀河系が無数にあることを知らなかったように、現代の私達人間が知っている宇宙は一つだけれども、もし時間と空間を超越するなら、地球がある この宇宙ではない宇宙がまだ無数にあるかも知れないと思えてきたのだ。私達が知る一つの宇宙を創造されたという大きさだけで神さまを考えたくない私の想像なのだが、私が時間と空間を超越して私の知るこの一つの宇宙から飛び出せば、神さまの偉大さが何億倍にもなって私に見えてくる。このことから、私は私達の知らない宇宙がまだ無数にあり、この無数にある宇宙ができる前から神さまは時間と空間を超えて存在しているのだと想像してしまっている。

2　神の御子（霊であるイエス・キリスト）

（二〇一九年五月十三日）

新約聖書は、神の分身としてこの世に顕れたイエス・キリストが、人間としてどのように生きたかを具体的に事細かに私たち人間に見せてくれている。新約聖書を読めば子であるイエス・キリストは確かにこの世のただの人間ではなく、神そのものであることが分かるが、そのことを実感として体に沁み込ませて理解することは非常に難しい。私は研究者ではないので三位一体の御子について学術的に説明することは出来ない。が、いつ頃からか、イエスさまを全くの神さまとして身近に感じるようになっている。そのことについて語ってみたいと思う。

三位一体に組み込まれている子であるイエスさまはその誕生からすでに神秘である。人間はこの世の生物として多くの生物がそうであるように、科学的に雌雄の交配を通して生まれることしか出来ない。人間は誰でも父母の営みから生まれてくるのだが、イエス・キリストは乙女であった処女マリアから生まれたことになっている。この話は難しすぎてキリスト教徒でない人々にはもちろん、多くのキリスト教徒でも理解し難い。この話こそイエス・キリストが神であることを証明することになる物語だが、神学では一般的にこれは受肉であると説明されるだけだ。それでますます分からなくなる。キリスト教で言う受肉ってなんだろうと多くの人が疑問を持つ。これは、神さまが人間としての肉体を持ってこの世に顕れたことだという。その通りだがまたもっと分からなくなる。

前述の〝父である神〟で書いたように神さまには実体がない。神さまは宇宙の誕生より先にあり宇宙を創造した何かであり、宇宙を一つにしている枠のない風船のようなものである。この神さまを想像できることからキリスト教が始まる。実体が無いということは、現実の世界では目で見たり手で触ったりして捉《とら》えることは出来ないということだ。個々人の心の中でこの世界を想像すること以外にない。そして、その神さまの中に生きている自分を想像できればもっといい。

神さまは宇宙の誕生より先に在り、宇宙をお創りになった。宇宙の全て、星も地球も地球上の全てをお創りになった。闇であった宇宙を神さまの理想の宇宙にしたいと、人間を創り人間社会をもお創りになった。最初から在る神さまは罪や悪の神さまではなく、罪や悪をも統括する全くの真と善と美の神さまであった。創られた宇宙も真、善、美そのものであった。しかし人間は、神になりたいと傲慢な欲望を膨らませ人間社会を乱した。こうして人間社会は罪や悪の蔓延る世界になった。神さまはご自分が創られた最初の真、善、美の全くの神さまの世界に人間社会を取り戻そうとなされた。神さまは人間には形としては見えない真、善、美そのもののご自分を、具体的に人間として見せるために全くの真、善、美である人間の姿をしたご自身を人間社会に送り込みたいと思った。が、罪や悪に染まった人間社会の中には神さまのように全くの真、善、美である人間は見出せなかった。

人間はもはや、生物として生きるためにあらゆる欲望の中に生きていた。食欲、性欲、睡眠欲は人間が生きるための根源的な三大欲求であると言われていると聞く。太古から人間の欲望についての様々な研究がなされているようだが、私はそれらについて学んだことはなく話すことは出来ない。人間はこれらの欲望を持たなければ生きていけない。欲望を持つこと自体は悪でも罪でもないが、それをいかに使うかが人間に課せられた使命だ。神さまは人間の存続に欠くことの出来ない、人間にとって最も必要な根源的欲望である性欲さえ持たない、本来在る自分自身の姿と全く同じ人間をこの世に送りたかった。性欲はこれに溺れる人間を多大な堕落におとしめる、人間の持つもっとも警戒しなければならない欲望だ。人間の営み（性欲）の中からこの世に誕生させる人間（イエス・キリスト）なら、もうそこに、性欲という人間の持つ根本的な欲望（罪）が含まれることになる。イエスさま誕生の過程そのものに罪が含まれることは、全くの真、善、美である神さまの姿には成りえない。そこで神さまは人間の中からマリアという乙女を選んだ。宇宙を創造した全能の神さまは、宇宙を創造した時と同じように何でもお出来になる。マリアという処女乙女にご自分自身（聖霊）を吹き込んでマリアさまを懐妊させた。マリアさまの処女としてのご懐妊は神さまがなされたことであったのだから、神さまが宇宙を造られたことと同じように何の不思議もない。マリアさまご自身は罪（性）を通さない〝無原罪の聖母〟として、この世に全くの真、善、美である御子である神さま（イエスさま）を誕生させた。これもマリアさまの選びではなく父なる神さまがマリアさまを選び、神の子であるイエスさまをこの世に顕したのである。神さまは人間が持つ罪である欲望（性）を通さずに、人間である処女マリアさまを母として、ご自分自身を人間の姿イエス・キリストとしてこの世に顕されたのである。イエスさまは父である神さまと一致した神さまであるが、人間が性を通して生まれるようにではなく、性を通さずに生まれた御子という人間の姿をした神さまでもあるのだ。神さまご自身ではあっても全くの人間の姿として処女マリアさまから誕生したイエスさまは、完全な人間の身体《からだ》を持ちながら、父なる真、善、美の神さまの生き方を人間に見せることができた。それは真、善、美である愛そのものの生き方であった。イエスさまは神さまであられたから、神さまと全く同じ愛で人間を愛することができたのである。イエスさまの生涯は新約聖書に事細かに綴られている。これが、神さまが受肉されたということの意味ではなかろうかと私は思っている。

＊　＊　＊

神の子、イエス・キリストについて多くの人が疑問に思われることの一つに〝復活〟がある。聖書によれば、イエスさまの亡骸は十字架に架けられた三日目にお墓から消えた。その後、復活されたイエスさまが何回か婦人達や弟子達の前に顕れ、五〇〇人以上の人に顕れた後、ルカ書によれば四日目に昇天されたとある。これだけを読めば、イエスさまは〝十字架に架けられて死んだのに三日目に生き返ったのだ〟としか思えない。イエスさまの復活はキリスト教の中核をなす最も重要な出来事であるが、イエスさまの復活を本当に実感することは難しい。そこで私は、復活したイエスさまが私と共に居られることを私なりに記してみたい。これは私だけが感じる復活のイエスさまであるかもしれないが、あえて正直に書いてみたいと思うイコン画家である私は、最初にイコンの復活がどのように説明されているか触れておきたい。

○イコンの［復活］（本書カバー）（マタイ28・1〜8、マルコ16・1〜8、ルカ24・1〜12、ヨハネ20・1〜13）

復活の出来事は、イエスさまの十字架上での死と切り離しては考えられない。神であり人であるイエスさまが、父なる神さまへの従順を貫いて十字架上での死を成し遂げたことで、父なる神さまは復活したイエスさまをもう一度この地上に復活させた。それで、復活のイコンには必ず十字架が描かれる。最上段、十字架上での死を遂げて死に打ち勝ったイエスさまを称賛し賛美して天使たちが勝利の十字架を捧げている。時にはイエス・キリスト自身が十字架を持っている復活のイコンもある。

イエス・キリストは神の国（マンドルラ　キリストの後ろの円形）から黄泉の国（下段）にまで降りてくる。降りてくる証拠にイエスさまの衣服は上に舞い上がっている。黄泉の国は私たちのこの世の世界で、キリストが踏んでいる板は黄泉の国の扉と言われる。キリストは黄泉の国の扉を蹴破って、黄泉の国の闇にさまよう人類の代表であるアダムとエバを死者の中から引き上げる。扉のXはキリストの頭文字でキリストによって死が封印されたことを示すとも言われる。あたりには釘や鍵が飛び散り全ての悪はこれらと共に打ち砕かれる。キリストが復活して黄泉の国であるこの世の扉を蹴破ってくださったことにより、この世の闇にさまよう人間私たちは、アダムとエバと共に神の国に引き上げられて神さまと一致することができる。こうしてアダムとエバに続く全ての私たち人間に新しい生命が与えられる。これは主の平和という命であった。イエスさまは死に打ち勝って、十字架上での死を通して私たちの救いを成し遂げてくださった。勝利の十字架上での死を通してのみあるイエスさまの復活で、歴史上の全ての人々がこ

『復活』（本書カバーにも掲載）

の復活の出来事に参入している。

中段左右、ダビデ王、ソロモン王、洗礼者ヨハネ、モーセや預言者達、使徒達。多くの民衆、そしてイコンには描かれていないが、ここに居る私達もこの復活の出来事に参入している。復活の出来事は神さまがイエス・キリストという形をとってこの世に下られて（復活して）、私達に全く新しい生命（主の平和）を与えてくださったということで、神さまからの救いの喜びの出来事であった。

イコンのこの説明では、やっぱり〝復活って何なのだ〟とますます分からなくなる。復活という言葉だけで解釈すれば〝生身の人間が生き返ることなどあり得ない〟と多くの人が考えてしまうし、復活されたイエスさまが人間に新しい命をくださったのだと言われても何のことか分からない。

イエスさまがご復活なされたということは、イエスさまそのもの、生前の生身の体を持ったイエスさまがこの地上に来られたということではない。霊としてのイエスさまが、生前イエスさまが愛された婦人達や使徒達の内に、心の内にというより彼らの体全体に宿られた、霊のイエスさまが使徒達の身体を貫いた、というような現象だったと思われてならない。そのことによって復活したイエスさまに会った婦人達や使徒達は、体中がイエスさまの霊を受けた新しい身体に変化したというようなことだったと思う。その証拠に、イエスさまがご復活された時、イエスさまはいつも使徒達や婦人達が知らない間に顕れて、使徒達や婦人達の傍に居る。そして知らない間に消え去る。このことは、ご復活のイエスさまは生前に人間の体のイエスさまであったような人間ではない、ということだと思う。復活したイエスさまは、神さまが霊の人間としてイエスさまをこの世に顕してくださった、と考えてよいのではなかろうか。そして、その霊のイエスさまが、婦人達や使徒達の身体の中に入り込んだというか、〝宿られた〟ということだったのではないだろうか。そうでなかったら突然顕れて突然鍵のかかっている部屋から消え去ることなどあり得ない。

全くの神さまでありながら全くの人間としての肉体を持った生前のイエスさまは、婦人達や使徒達を人間として愛して、愛して、愛し抜かれた。そして、お互いに愛し合うということはこういう事なのだよ、と人間としての生き方を教えてくださった。その愛の意味を知らせるために命までを投げうって十字架上で亡くなられ、イエスさまの肉体は消えた。イエスさまの生前にイエスさまに愛された婦人達や使徒達は、イエスさまの十字架上での死に遭遇してどれほどの悲しみや絶望、ショックを味わったかしれない。悲しみや絶望、そのショックと興奮で心が乱れていっぱいの内は、誰もイエスさまの十字架上での死の意味を理解することはできない。が、三日が過ぎ、安息日が過ぎ、時間が過ぎ少しは心が落ち着いてきた時、イエスさまは十字架上で命を落とすことによって、自分達（人間達）をどれほど愛してくださっているかを分からせようとしたのだ、と体中が震えるほどに感じるようになったに違いない。その時、神さまであるイエスさまが霊としての体の姿で、生前のイエスさまそのままの姿で愛された婦人達や使徒達に顕れ、その強烈なイエスさまの愛が弟子達の内に乗り移ったのではないか。霊のイエスさまはその後そのまま婦人達や使徒達の心の中に留まり、婦人達や使徒達のその後の人生をイエスさまに倣って、イエスさまそのものの生き方で生きるように変えた。イエスさまのご復活によって使徒達に新しい神さまの命が与えられたことになった。ひいては、人類に新しい神さまの命が与えられた。私にはそんな風に思われてならない。

このように考えれば、死者の復活は私達の内にも起こりうることで、不思議ではなくなる。神さまであるイエスさまが使徒達を愛したことに比べたらこれから書くことは比較にならないし、イエスさまとご一緒に生きた婦人達や使徒達に顕れたイエスさまのご復活は、もっともっと強く深く神秘的なものであったに違いない。けれども私達も同じような経験をすることがある。ご復活の出来事をあまりにも矮小化していると思われるかもしれないが、私達も深く愛してくれた身近な人が亡くなった時、その方の生き方や自分を愛してくれた愛を思い出し、まるで目の前に居るようにその方が顕れて見えて、その方がその場に実際に居るように感じることがあると思う。そんな経験をした方もいると思う。生前に自分を愛してくれた方の姿に成りきって、自分もそのように生きたいとその方と共に生きるようになるということはあると思う。

イエスさまの十字架上での死を実際に経験した婦人達や使徒達は、イエスさまが生前どれほど自分達を愛してくださったかを思い出し、イエスさまのなさってくださった愛とイエスさまの生き方が彼らの心に沁みついて、もっと言えば彼らの体中を貫いて体中に乗り移って、正に生前のイエスさまが生前と同じお姿でそこに居られる、復活したイエスさまがそこに居られる、とイエスさまが見えていたに相違ない。これは復活したイエスさまに出逢っていたということになる。この経験をした婦人達や使徒達はこの神秘的な経験を、ご復活したイエスさまを見た、イエスさまにお逢いしたと喜びいっぱいで言う以外になかったのだと思う。婦人達や使徒達はイエスさまのご復活の体験を通して、生前のイエスさまが愛してくださったように、イエスさまの愛で生きようという新しい命を与えられ、それまでとは全く違った生き方をするようになった。これが復活の出来事だったのではないか。私は復活の出来事を単にイエスさまが復活されたという面だけではなく、実際にイエスさまの復活に遭遇して、新しい命をもらい生き方を変えられていった婦人達や使徒達や当時の人々を想うことで、復活の深い意味を知ることができると思う。

私も時々ご復活した神さま、復活のイエスさまにお逢いすることがあるような気がする。イエスさまとご一緒に生きた使徒達や婦人達でなく、現代に生きる私はイエスさまを、イエスさまの愛の生き方を、聖書を通してしか知ることができない。聖書を通して語られるイエスさまの愛そのものの生き方、真の愛はこういうことだと分からせようと十字架上に架かったイエスさまの死に様が、私にはあまりにも衝撃で私の身体を貫くような気がしてくる。私はイエスさまに倣って生きたいといつも心に思っていた。前述の「夫Oと生きる」を読んでいただきたい。私が自分では解決できそうにもない困難な問題に出会ってしまう時、イエスさまは不思議にも私に顕れてくださったような気がする。私の身体にイエスさまが乗り移ってくださったように、体がイエスさまと一致してくるように感じて問題が解決された。それは私が解決したのではなく、私に乗り移ったイエスさまが私に代わって解決してくださったように思えていたのだ。イエスさまという新しい命をいただいたようなことだったと思う。そんなことが二、三度あった。

イエスさまは処女マリアさまから生まれた全くの人間であり全くの神さまであったから、

その全く罪を持たない真、善、美、そのもののイエスさま（神さま）の愛し抜く生き方、一点の曇りもない愛の生き方、生き様、死に様と言ってもいい生き方は、現代の私達にも新しい命を吹きかけてくださっているのではないだろうか。誰でも、イエスさまはこれほどに私達人間を愛してくださっているのだとそのお姿に圧倒される時、正にイエスさまがここに生きておられることを感じ、ご復活のイエスさまとお逢いしているのではないだろうか。

私にとっては、これを読む方々にとってもだが、復活の出来事は二千年前に終わった出来事ではなく、二千年前から今もずっと続いている現代のこの世の現実の出来事であり、また未来にも永遠に続く出来事であると思う。〝復活〟のイコンにあるように、私達はイエスさまのご復活の出来事に、当時の人々と一緒に、今も世界中の人々と一緒に参入しているのだと思う。私達人間は、父であり聖霊であり復活したイエスさま、三位一体の父と子と聖霊の神さまに今もずっとお逢いし続けているのではないだろうか。

3　聖霊（聖霊はヒッグス素粒子のようなもの）

（二〇二〇年一月十五日～一月三十日）

私は、二十歳《はたち》の時の光の体験の頃からというより、いつ頃からかは定かではないが、幼少の頃から、目には見えないが光や風や泉のような、林の中の空気のような、月や星の静寂のような、その他いろいろな美しい場面に出逢う時、得も言われぬ喜びを身体《からだ》中に感じ、そんな時、一人で躍り上がっていた。ずっと後になってキリスト教の勉強を始めて、それがあるいはキリスト教で言う聖霊ではないかと直ぐに理解できて、父である神さまや子であるイエスさまよりずっと以前から、私は聖霊を知っていたと思った。

過酷だったパリでの生活ではノートルダム寺院やパンテオン寺院のお御堂ばかりに好んで行った。日本から持っていった唯一の本、日本語の聖書を特に詩編を読みながら泣きくれていたことは、やはりあの頃でも私の内に聖霊が宿っていたからだと、日本に帰ってキリスト教を学び始めた後で知った。そんな訳で、四十年位前キリスト教を学び始めた時、聖職者から〝父と子と聖霊〟の神さまについて話を聞いた時、その時すでに聖霊は何の違和感もなく私の内にあった。

私は四十四歳（一九八四年）で洗礼を受けたが、キリスト教を学ぶにつれて、私が幼少の頃から感じていた目には見えない何かは、キリスト教の神さまであることを知り大変嬉しく思った。世の中での感じ方が他人とは変わっている自分に世の中と相容れないものを感じて、それまでずっと何となく本当の自分を隠し通していた。私のような感じ方をして、その生き方をしようとする人々がこの世に居ることに喜びを感じ、安心したのであった。そして、幼少の頃から私の身体に潜んでいた私の思いを思い切り吐き出したいと思うようになった。一九八六年、受洗二年後に出版した詩集「神さまへの手紙」を書き出すと、私の身体の内にある言葉が一気に溢れ出して止まらなくなり書き進んでいった。

受洗した当時は聖霊についてのはっきりとした説明をされることはあまりなく、〝父と子と聖霊の三位一体の神さま〟で片付けられていたような記憶が強い。数年の後、故・井上洋治神父さまが聖霊を〝風〟とか〝プネウマ（息吹き）〟で説明されて、私の感じているものを神父さまが説明してくださり、私の感じ方は間違ってはいなかったと自信を持った。神父さまは〝息吹き〟と書いておられた。

その頃確かに、私の内にある聖霊は〝風〟とか〝プネウマ（息吹き）〟の言葉で説明する以外にないと私も思っていた。この世にある他の言葉を探すことが出来なかったのだ。事実、「神さまへの手紙」の中でも何とかして私の内にある神さまや聖霊を表したいと、光、風、泉、空気とか書いているが、私はその頃でもどこかで、聖霊を説明するには光、風、泉、空気だけでは足りないと感じていた。この世には私の身体の細胞にまで沁み込んでくる何かがあるに違いないと思っていたのである。

光や風や泉や空気は確かに私の身体を包み込み、私はそれらに包まれることを感じ、私を得も言われぬ幸福感に浸らせてくれるが、光や風や泉や空気は物理的に私の肉体の一つひとつの細胞にまで沁み込んでくるものではない。光は私の身体を貫きはせず影ができるし、風や泉や空気も私の身体に当たりながら流線型に私を避けて通り抜けていってしまう。私が神さまや聖霊に包まれると感じる時は、神さまも聖霊もどちらも同じことなのだが、時に神さまであったり、時に聖霊であったり（この頃では時にイエスさまそのものであったりもする）、それらが私の頭のてっぺんから手足の先までに入り込み、言い換えればそれらが私の肉体そのものを占領していると感じるのだ。

洗礼を受けた頃の私には、父なる神さまも聖霊も区別なく私の中で神さまであったから、「神さまへの手紙」の中では〝光が刺す〟とか〝大気が染みこむ〟とか〝聖霊が染み通る〟とか書いている。でもそれらは、私の感じている私の肉体に沁み込んで私の身体を占領してくる神さまや聖霊を的確には表していない。身体の細胞にまで入り込む何か特別なものがあるなら、それが神さまや聖霊のようなものだとずっと思い続けていた。この世にそれを的確に表す言葉があればいいと思っていた。この思いは長い間私の中にあった。特にヒッグス素粒子が話題になり始めた頃から、ヒッグス素粒子は聖霊のようなものだと感じていた。それは二〇一二年にヒッグス素粒子の存在が証明されるまで続いていた。

私は中学生時代に、私達の身体を形作っているものはこの世で最も小さい〝細胞〟というものだと習った。だから私は、この世で最も小さな物質は細胞であると長い間思っていた。それがいつ頃からか、地球も月も星も大気も土も水も私たち人間も動物も草木も宇宙そのものを構成するものは分子であり、分子も分解されて最も小さい原子という粒子になるという話を聞くようになった。私はそれらの話に興味を抱き、何か神さまと関連づけるような神秘さを感じた。するとまたすぐに原子はこの世で最も小さい粒子ではなく、原子もまた分解出来て素粒子というものによって構成されているという話を聞くようになった。こういう話に私はますます不思議さや神秘さを感じ、あくなき探究をして宇宙の神秘を解き明かしていく物理学者たちに感嘆していた。

私が素粒子についての話を聞いたのは、洗礼を受けてから何年も経ってからだった。宇宙は目には見えない幾つかの素粒子によって構成されているという話で、発見されていなかった新しい素粒子が発見される度に話題になり、私も興味を持った。十六個目の素粒子が発見されると、発見されてはいないがその他に物が物質として存在するようになるためのヒッグス素粒子があり、それを見つけるためにヨーロッパに巨大な実験装置を造ったことが話題になった。ヒッグス素粒子は全ての物質の中に入り込み通り抜け、ヒッグス素粒子が無ければこの世に物質（物体）は存在しないということであった。ヒッグス素粒子は、一九六四年にエディンバラ大学のピーター・ウェア・ヒッグス博士が十六の素粒子の他にあるヒッグス素粒子の存在の仮説を唱えていた。が、仮設にとどまりまだ発見されてはいなかった。世界中の物理学者がこの素粒子を発見しようとしていた。

一九六四年にヒッグス博士がヒッグス素粒子存在の仮説をたててから約半世紀の後、二〇一二年七月四日、ついに人類はこのヒッグス素粒子の存在を証明することに成功した。これは世界中で世紀の発見として報じられ、翌年二〇一三年には、ヒッグス素粒子の存在を予言したヒッグス博士と共同研究者のフランソワ・アングレール博士がノーベル物理学賞を受賞した。

ヒッグス素粒子をかいつまんで説明すれば、次のようなことであると言う。

大爆発（ビッグバン）で始まった宇宙には沢山の素粒子が光速で飛び回っていた。素粒子とはそれより小さな存在が無いということだから、当然、空間や重さはなく、素粒子同士は互いに関わりを持たずにただ飛び回っていた。が、ある時ある理由からヒッグス素粒子が生まれた。ヒッグス素粒子は飛び回っている他の素粒子にまとわりついて素粒子同士を合体させた。このことで他の素粒子に質量が生まれて素粒子は物質（物体）として存在することが可能になった。私達の身体はもちろん、宇宙の全ての物質（物体）は、素粒子にヒッグス素粒子が取り付くことによって物質（物体）として存在しているのだということである。

私は物理学者ではないのでこの説明が的確かどうか分からない。また、それではなぜ大爆発（ビッグバン）が起きたのか、その時なぜ素粒子が生まれたのか、ヒッグス素粒子はどのように生まれて、どのように他の素粒子にまとわりつくのか、素粒子にも光のようにヒッグス素粒子がまとわりつかない素粒子があるのはなぜか、等々、挙げればきりが無く、詳しく説明を聞けば聞くほどますます不思議さが湧いて分からなくなるのだ。私は、〝宇宙の始まり〟という話に大変興味を持つが、大概の知識はテレビ、ラジオ、雑誌、せいぜいネットから通りいっぺんの知識として知るだけである。物理学のことは物理学者に任せておけばいいと思ってしまっている。

そして、これは私の体質と言ってもいいのだが、宇宙の不思議さをどうしても神さまに関連づけて興味を持ってしまう。私はヒッグス素粒子存在の仮説に大変興味を持ち、ヒッグス素粒子こそ、聖霊のような働きをするこの世にある名前の付いた物質で、この素粒子が発見されればこれこそ聖霊のようなものだ、聖霊の説明として使うことができる、と長いあいだ思っていたのであった。私の身体に入り込み、私の身体の内も外をも埋め尽くし、宇宙に充満して漂っているもの、長いあいだ私にとってはこれこそが聖霊であり神さまであったからだ。そしてどこかでヒッグス素粒子は在るに違いないと思っていた。

そんな訳で、ヒッグス素粒子発見のニュースは、私の感じる聖霊のようなものが物質としてこの世に存在していることを証明してくれて私を喜ばせた。しかもヒッグス素粒子は〝神の素粒子〟とも呼ばれていることを知り、物理学者たちがヒッグス素粒子をなぜ〝神の素粒子〟と名付けたのか知りたいと思ったりもした。これは確かに日本ではなくキリスト教文化圏からでなければ生まれてこない言葉だとも思った。物理学のヒッグス素粒子は私の感じる〝聖霊〟とは全く異なった異質のものだが、この世の全てに入り込み通り抜け、聖霊と同じように宇宙の全てに充満しているという点で、聖霊と同じものだった。ヒッグス素粒子が生まれてヒッグス素粒子は宇宙の全てを物質として創りだし、ヒッグス素粒子は今この瞬間にも宇宙の全ての物質に充満してうごめいている、という意味で限りなく〝神・聖霊〟に似たものであった。ヒッグス素粒子こそ〝神の素粒子〟と呼ばれるに相応しいと感嘆したのであった。

私は歳を重ねるにつれて、ヒッグス素粒子が発見されてから後は特に、ヒッグス素粒子から創られてヒッグス素粒子が充満している宇宙には同じように聖霊が充満しており、同様にヒッグス素粒子で創られた私の身体はヒッグス素粒子と聖霊で充満しており、私と宇宙は一体化して宇宙に漂っていると感じるようになっていた。二〇一六年に、「神さまはゴムのない風船、私はその中に居ます」という文章を書いた。長いあいだ私の中に温められていた宇宙の中の物質として自分と宇宙の区別がつかないような感覚が、瞬間に噴き出してこの文章になったのだと思う。宇宙はヒッグス素粒子に充満されており、同じように宇宙は〝神・聖霊〟に充満されている。それ故もちろん、宇宙の一部である私の身体も聖霊そのもので、私がヒッグス素粒子の塊であるように、私は聖霊の塊として宇宙に漂って生きているのだ。この文章を書いた後、私は宇宙である神さまの一部である自分を感じて何か憑き物が落ちたように平安になり、これこそが〝主の平和〟であると強く感じるようになっていた。

〝聖霊はヒッグス素粒子のようなもの〟は私だけの感じ方で、〝聖霊は風のような、神さまの息吹きのようなもの〟と言うことは、それはそれで良いと思う。長いあいだ自分だけで感じている〝聖霊はヒッグス素粒子のようなもの〟などと、皆さんにお話しすることはないと思っていた。二〇一九年に「イコンに見る復活」の話をする機会を得て、私の復活の話に多くの方々が耳を傾けてくださり、復活のことが「良くわかった」と言ってくださる方が居た。私は、〝聖霊は身体に沁み込んでくるヒッグス素粒子のようなもの〟のことも皆さんにお知らせしたいと強く思うようになった。私は神さまや聖霊を感じる時、頭のてっぺんから手足の先まで痺れるように私の中でうごめいている何かを感じる。そんな時、まるでヒッグス素粒子のように、時には神さまが、時には聖霊が私の身体を占領しているのだと得も言われぬ喜びに襲われ舞い上がる。そんなことをどなたかに話したところで不思議がられるだけのことで、別に話す程のことでもないと思っていたのだ。が、やはり、聖霊が私の中に充満していると感じるこのめくるめく喜び、幸福感を皆さんにお伝えして、皆さんにもこの喜びを味わってもらいたいと強く思うようになってこの文章になった。

想像してみてください。もしあまりにも漠然として神さまや聖霊が信じられない、あるいは捉えられないと思っても、物理学者が証明してくださったヒッグス素粒子の存在は信じられると思う。ヒッグス素粒子が私達の身体を形作っていることは証明されており信じられると思う。じっと眼を瞑ってヒッグス素粒子を聖霊に置き換えてみると感じられると思う。その時、私達の身体がヒッグス素粒子と同じように神さまの霊で満たされていることを感じると思う。あるいは、ヒッグス素粒子に乗っかって聖霊が私達の身体に沁み込んでいることを感じることができると思う。ヒッグス素粒子が私達の身体を創っているように神さまの霊で創られた自分自身を感じて、喜びと感謝が湧き上がってくると思う。私は、聖霊は私達の身体に沁み込んで私達の身体に充満して宇宙で自在に動き回っているヒッグス素粒子のようなもの、と言う以外にない。

　今まで長々と書いたが、簡単に言えば、私にとって神さまは、例えれば宇宙そのもののようなものであり、聖霊は神さま（宇宙）を満たしている、例えればヒッグス素粒子のようなものだということだ。ヒッグス素粒子が充満してこの宇宙があるように、聖霊が充満して神さまがある。どんな時とか具体的には説明できないが、瞬間、私は確かに頭のてっぺんから手足の先まで踊り出したいような（実際に踊ってしまう）幸福感、満足感を感じ、身体全体が痺れるように聖霊で満たされている自分を感じることがある。神さまの中に居る自分を感じているのだ。朝の目覚めの時、聖霊に満たされている自分を感じて〝ああ、私のヒッグス素粒子は聖霊であった、私は宇宙という神さまの中に漂っている〟などと、幸福感でいっぱいになることがある。私が〝聖霊〟を感じる時は、同時に神さまの中に居る私を感じている時でもあるのだ。

　最後に、イエスさまは、この世に具体的に人間として生きている聖霊の神さまであるのだと思う。「夫Oと生きる」の中で書いたように、イエスさまが聖霊のように私の身体に入り込んでくださることもあるような気がする。私が難題を抱えて困りきっている時、聖霊のイエスさまが私に代わって難題を解決してくれていると思う時があるのだ。父と子と聖霊である神さまが私の身体を乗っ取って働いてくれて、私は難題を乗りきることができる。ヒッグス素粒子のように私の身体に充満している透明な聖霊のイエスさまが、私の言動を支配しているように感じ、そんな時、ただ有り難さと嬉しさで跳ね回り小さくなって祈るのである。

私は言いたい。神さまは聖霊でありイエスさまであり、聖霊は神さまでありイエスさまであり、イエスさまは神さまであり聖霊であると。そしてこの三位一体の神さまは、ヒッグス素粒子のように確実に宇宙全体を満たしており、宇宙に漂う私達人間の身体をも満たしてくれている。宇宙がヒッグス素粒子で創られているように、神さまは透明な愛の塊の聖霊という素粒子で創られている。そして、イエスさまは神さまの愛の塊の霊で人間として創られてこの世に生きた。そして今もこの世に生きておられる。私達人間は、透明な愛の塊の神さまの国に、神さまの透明な愛の塊の聖霊の素粒子によって人間として生かされている。このことは何という喜びであろう。

それにしても、今から二千年も前に創世記から始まる壮大な神さまの物語の聖書が生まれたことに感嘆する。創世記の物語は、二千年前にすでに人類がヒッグス素粒子を知っていたかのような物語だ。ヒッグス素粒子はやっと二十一世紀になって発見されたものだ。にもかかわらず、聖書の創世記の宇宙の始まりの物語は、二十一世紀の今、物理学で教えてくれる宇宙の始まりそのもののような物語である。

人類はいつか、ヒッグス素粒子を発見したように〝神〟そのものを質量のある物体として発見することが出来るだろうか。それはあり得ない。聖書の言葉に物質的質量が無いように、質量の無い透明な神さまが、ヒッグス素粒子によって物体となった私達の身体に宿っているだけなのだから。神さまは、宇宙が存在しない以前、宇宙の始まりの大爆発（ビッグバン）以前から存在し、物理学の世界を超えて存在しておられる。私達人間は確実に在る〝父と子と聖霊の三位一体の神さま〟を信じて、その神さまの愛の生き方を聖書のイエスさまから学び、イエスさまに倣って生きる以外にない。人間の愚かさは、初めに神さまからいただいた本来の人間の姿から外れて、我欲に走る人間ばかりがこの世に蔓延り、この世に混乱を起こし、地球を支配している。近い将来、宇宙をも支配できると思っている。昨今では、宇宙学や地質学から〝惑星の限界〟とか〝人新生〟などという言葉が現れ、地球そのものの崩壊の日が早まるばかりになってきている。初めに創られた人間の姿には決して戻れない愚かな人間のこの現実を、神さまがお嘆きになっておられる、と私には思われてならない。

最後に、私がこんな風に私の身体の中にヒッグス素粒子のような聖霊を感じ、時に、身体が透き通ってくるような限りない喜びを感じられるのは、ただ神さまの愛ゆえだと思う。短い人生の中で私ができた事は、家族を守りイコンを描き続けるなどというほんの小さな事だけであった。が、八十歳になる今、私をここまでに導いてくださったのは、神さまの愛に逆らうこの世の不条理に耐え忍び、忍耐と工夫（知恵）で乗り越える力を神さまが私に与えてくださったからだと思えてならない。限りない感謝の気持ちでいっぱいになってくるのだ。ただ、ただ祈る以外にない。

（注1）156ページ　詩集「神さまへの手紙」で、〝染みる〟の漢字を使いました。染みるには〝悪習に染みる〟等の意味があるようですので、〝身体に感じる〟〝深く感じる〟の〝沁みる〟を使います。

（注2）〝静かさ〟でなく〝閑かさ〟を使うのは、芭蕉の句〝閑さや岩にしみ入る蟬の声〟の〝閑さ〟に、神さまの〝閑かさ〟を感じるからです。

『救世主キリスト』

五　イコン

神の似姿

1　イコンを描き続ける

初めからイコンを描こうと思っていたわけではない。結婚してやっと時間的に余裕ができ、一九七二年に近所の先生から日本画を習い始めた。その後、森田曠平先生、伊藤彭耳先生の研究会に入れていただき、院展に出品するようになった。いつも二十歳《はたち》の時のあの〝光〟を表現したいとの思いがあったが、院展に出品する題材にはしなかった。初めは人物や花などを描いていた。一九八二年に初めて春の院展に入選した。少女が祈る絵であったが、これを見たある神父さまが「イコンを描けばいい」と言ってくださった。その頃日本でも、ぼつぼつイコンが話題になり始めていたが、私はその時、本物のイコンも写真も意識して見たことがなかった。イコンについてはあまりにも難しく議論されており私の手の届かないものと思っていた。イコンって何だろうと思っていたのである。

ある時、中央出版社（サンパウロ）の本棚で「イコン」画集を見つけた。即座に、これがイコンであるのかと買い求めた。そして毎日、イコン画集をめくっていた。当時、院展出品のための人物や花を描いていた私だったが、あの時の光を描きたいとの思いは強く、院展出品作品のために旧約聖書物語を描いたりもした。キリストの御顔を習作して、千枚描いたら一枚くらいは〝神であり人であるキリスト〟の顔が描けるかもしれないと思った。

それまでに四、五十枚のキリストの顔を描き終えていたある日、あれは一九九二年の九月だったと思う。いつものようにイコン画集をめくっている時、瞬間としか言いようがないのだが、私の描きたかったものはこれだと閃いたのであった。イコンにはキリスト教世界そのものが凝縮されている。イコンはあちらの世界、神さまの世界を表現したものだ。私の描きたいものもこの世の世界のことではなくあちらの世界のことであり、あの時の〝光〟であった。二千年近くも前から、神の国の表現として完成されてきたイコンをおいて、他にどんな神の国の表現があろうか。私はイコンを描くことであの光を表現することができるに違いないと思った。すぐにイコンの説明や描き方を独習して、私の手元にある日本画の画材でイコンを描き始めたのであった。

全ての芸術がそうであるように、絵画は自己主張の芸術である。造形的な研究の中で、いかに新しい表現を見つけ出せるかと多くの画家たちが競っていた。院展入選のために題材をしぼらなくてはならないことにも窮屈さを感じていた。入選するかどうかではなく、私はあの光を描きたいだけだったからである。イコンはまず模写から始める。イコンを静かに模写するだけのイコン画法は私を安心させた。自己主張せずにただイコンを模写してイコンにある神の国を表現しようとするだけでよかった。イコンを描いているとあの時の光の中で光と一致している自分を感じ心が休まるのであった。イコンを描き始めてからしばらくは院展に出品もしていたが、二〇〇〇年に院展への出品を完全に止めた。キリスト教への信仰が固まり、私が絵で表現したいのはあの時の光、神の似姿であるイコンだけであると確信したからであった。

二十歳の時光に遭遇してから、私の人生はただあの〝光〟を証明するためだけの人生であったような気がする。一つは、夫Oとの困難な結婚生活をやり遂げることで、あの光を証明することだと思っていた。精神疾患者であるO自身がこの世に隠そうとしていることを、私が公表することは出来ない。私に与えられた私だけが知っているこの世には知られないOとの結婚生活を成し遂げることこそが、神さまが私に与えたミッションであると思っていたのであった。

これは私にとって寂しいことでもあった。人間である私は、やはり皆さんと同じように少しはこの世で褒められる仕事もしたかった。異常な雰囲気のO家で私が自分自身を取り戻し、自分自身を表現できたのは絵を描くことだけであった。特に、イコンを描くようになり、イコンであの光をこの世に知らせることができると思うようになった時、イコンを描くことが神さまから与えられたもう一つのミッションであると感じるようになっていた。イコンを描いている私は、あの光の中であの光と融合して静かに存在しているだけの自分であった。神さまは私にこの世でのOという夫と、神の国であるイコンとを与えて、私が二十歳の時に出逢った〝光〟をこの世に証明するようにと仕向けたのであったのかもしれない。聖書にマリアとマルタの話（ルカ10・38〜42）があるが、夫Oとの関わりは私の中のマルタで、イコンは私の中のマリアであったような気もする。

二〇〇七年の丸善でのイコン展の後、私は現在まで個展をしなかった。大勢の人が個展に来てくださりいくらか皆さんの話題にもなった。そしてこの世での誘惑も多くなった。イコンを映画の背景にしたいとか何かの挿絵にしたいとかそれは光栄なことではあったが、この世での誘惑でもあった。精神的に弱い夫Oを抱えて時間的に余裕がなかったこともあったが、それよりもイコンを商業ベースに乗せることを警戒した。それまでの個展から、イコンを売り物にする時、私の中にどうしても多く売りたいとの欲望が芽生えることを学んでいた。このことを警戒した。イコンは神の世界を描くものである。描き手に雑念が入り込むと本当のイコンは生まれない。イコンだけでなくどんな芸術でも作品に表れるのはその人自身の内面である。特にイコンは神の世界を描くものである。私自身をできるだけ神の国に近づけておくことが大切であることをよく知っていたのであった。もう一つ、自分のイコンに値段を付けることに躊躇した。私の魂であるような思いでイコンを描いていた私は、精魂込めて描き上げた私の魂のようなイコンに値段を付けることはしたくなくなり、値段を付けられなくなってしまった。そんな訳で個展をしたくなくなってしまった。二〇〇四年に信州にアトリエを造ってからは、そこで静かにイコンを描くことが私に一番合った生き方だったのである。

二〇一七年にアトリエにイコン展示室を造った。イコンを描き始めてからのイコンを年代順に並べてみると、拙かったイコンがだんだんに本物のイコンに変わってきていることに気づいた。私の信仰の深みと共にイコンも信仰の深みに成長したのであった。たまに見学に来てくださる人とイコンの話をすることを楽しみにした。三十年もイコンを描いてきた私は、イコンが私の身体の一部になって私とは切り離せない私の魂になってしまっている。体力の続く限りイコンを描き続けることが、私の使命であると思っている。

2　「イコン」とは

イコンは、ギリシャ語の画像、自像、似姿、イメージなどを意味するエイコーンに由来する言葉で神の似姿を描いたものと言われる。日本語で聖像画と訳されるイコンは、カタコンベ（地下墓所）に描かれたキリスト教美術から誕生したと言われており、エジプトのミイラ上に置かれた肖像画などの影響を受けて四世紀から五世紀初期にはイコンとして確立した。イコンは誕生と同時に、一般の美術絵画やルネッサンス以降の西洋のキリスト教美術や御絵などにはない意味づけを持っていた。

カタコンベに描かれた絵図は単なるイエス・キリストの物語ではなく、その並びなどからキリスト教の真髄である復活を主題にして描かれていたと言われる。また、キリストが自ら写し取ってエデッサ王に送った布、アケイロポイエートスの像（人の手によらない像）の伝承が、イコンが神の似姿として成立するための素地となったとも言われている。

イコンは、神の似姿を表した絵図である。それ故に絵図にするイコンは神学に沿って厳格な規範に則って描かれる。聖書は神を言葉で表現するが、イコンはこのみ言葉を絵図にして、そこに目には見えない神の似姿、神の国を表そうとする。イコンは見る者に、秘められた神の似姿を垣間見させ、神の国に招き入れようと語りかけてくる。

東方キリスト教会の聖堂内にはイコンが壁や天井に至るまで余すところなく飾られ、時には外壁や入り口にも描かれたり掲げられたりしている。礼拝時には、イコンに描かれたキリストや聖人達がイコンから躍り出たような独特な美の世界を聖堂いっぱいにかもし出す。祈りの旋律と相まって、祈りの人々は霊的世界、神の国に招き入れられるのである。

イコンは東方キリスト教会の人々の日常生活の中に浸透して、教会のみならず一般家庭や公共の場所、道端にも小さなイコンのお堂が建てられ、時にはバスの運転席にまでイコンが見られる。人々は日本の仏壇や神棚を思わせるイコン棚の前で祈り、お守りやお札のように車に飾ったりもするが、これはしばしば迷信に近い信心に陥ることにもなりかねない。イコンは初期から、イコンへの崇敬は偶像崇拝ではないかとの批判に晒されてきた。イコンが一般家庭に浸透して信仰の対象になってくるとこの論争はますます激化し、七世紀から九世紀にかけてイコノクラスム運動（聖像破壊運動）が起こり、イコンは危機に瀕した。それを乗り越えて今日に至っている。

イコンは神の似姿であり、イコンを見る者は、神聖な神の国に招き入れられてこの神の国の美の中で無上の喜びに満たされる。このことこそがイコンで祈る本当の意味であると言えよう。イコンを理解するためにはそのイコンが持つ神学的意味や構造を知ることは不可欠だが、何よりもまず直感的に、イコンに感動し神の光の中に招き入れていただけるよう、澄んだ心持ちでイコンの前に佇みたい。

よくイコンを描き始めた理由を聞かれるが、二十数年前、日本画を描きながら何とかして神の光を表現したいと試行錯誤していた私は、イコンの写真集から、神の国の表現はイコンをおいてあり得ないと、正に一瞬の内に悟らされた。その時からイコンを描くようになり、イコンから離れられなくなった。イコンにある神の国を凝視しながら描いていると、自分自身が神の国に参入させてもらっているような、限りない喜びに満たされる。これこそがイコン画家に授けられた神からの恵みと思う。

3　イコンと祈り

現在では、多くのイコン画集やイコン学術書が出版されており、ネットでも多く紹介されている。イコンを学術的に研究してイコンを描きたいと始められる方は、それらを参考にしてほしい。イコンを描くことが専門である私は、正直、イコンについて学術的に語ることが苦手である。学術的なことは専門家にお任せしたいと思っている。三十年前、私がイコンを描き始めると多くの人から、「どんな気持ちでイコンを描いているのか」とよく聞かれた。イコンを描いていると描く者にしか出会うことができない思い、感じ、体験がある。それらについてここに綴ってみたいと思う。

イコン画家の仕事はその大部分が職人的な仕事であると言っていい。〝何も考えずに規範のイコンを写している〟ということになる。それがイコン画家のあるべき姿と言われており、規範になるイコンから見えてくる神の国（神の似姿）を、新しいイコンとして写し取ることがイコン画家の重要な仕事になる。だから規範になるイコンから神の国を感じとることができなければ、描かれたイコンがどんなに規範のイコンと似ていても、神の国、神の似姿である本物のイコンにはならない。イコン画家は、自身が感じる規範のイコンにある神の似姿を絶えず反すうしながらイコンを描いていく。初心者でイコンから神の国を感じられないという人でも、自身では気づいていなくてもイコンを描きたいと思ったその時すでに神の国を感じ取っているのだと思う。規範のイコンをそのまま写し取ることで徐々に神の国を感じられるようになっていくものだ。技術的に上達してくると、描きながら神の世界に没入して、描いているイコンの人物たちに同化している自分を感じるようになる。このことがイコン画家の祈りであり、「イコンを描くことは祈り」と言われる所以であると思う。

二十歳の時出逢った〝光〟（神の国）を表現したいと試行錯誤していたが、それまで絵で描きたいと模索していた光がイコンに在ることを一瞬に知って描き始めたイコンであった。イコンを描き出して最初の頃、イコンを学んで読んだ本にイコンの光は斜め左上から来るように描かれるとあった。イコンの描き方が技術的に進んでくると、夢中になってイコンを描いている私は、イコンの画面に吸い込まれるような感じになっていった。私自身もイコンの中の人物になっている思いにさせられていくのであった。描いている私の左後方から光が差し込んで私を包み込み、その光がイコンの画面にまで広がっていく。私はイコンの人物と共にイコンの光の中に包まれて、ますますイコンを描くことに引き込まれていった。

私は、なるべく教会暦に従ってその時期のイコンを描くようにしていた。二〇〇一年の四旬節に描いていた百号の磔刑のイコンは、カトリックの主の晩餐である聖木曜日までにほとんど仕上がっていた。期せずして主のご受難の聖金曜日にキリストの手足の釘と、右胸に吹き出る血と水を描くことになった。それまでもずっとキリストの受難を想いながら磔刑を描いていたが、その日、キリストの手に釘を描く時、絵ではあってもあまりよい気持ちはせず、「イエスさま、これからあなたに釘を打ちます。許してくださいな」などと、祈りに似た心持ちで釘を描いた。その瞬間だった。イエスさまの痛みが私に伝わって、私自身の手に痛みが走ったように感じたのだった。絵に釘を描いただけとはいえ実際にイエスさまに釘打った私は、イエスさまを十字架に架ける民衆の一人でもあった。居合わせたほとんどの民衆は、訳も分からずに興奮の極限で大声を上げイエスを罵《ののし》っていたに違いない。どれ程の喧噪であったかしれない。実際にイエスを十字架に架けて釘を打った兵士や役人たちは、イエスを十字架刑にするために選ばれた自分に興奮し誇りを感じ、無我夢中であったに違いない。描いている私もこの民衆の一人であった。

一方、十字架上のイエスの痛みが描いている私をも貫く。釘打たれるイエスは、打たれる度に呻きにならない呻きを上げながら体をぴくつかせる。私が絵に釘打つとその痛みが私の身体《からだ》をも貫いたのだった。イエスの身体はゴルゴダへの道ですでにずたずたに傷ついており、もはや体中が痛みの極みで釘打たれてもその痛みを感じられないほどの瀕死の状態であったに相違ない。

しかし、死に瀕したこの絶望的な肉体的状態の中でも、イエスはあくまでも〝閑《しず》か〟であった。そして、十字架上のイエスの言葉が私を襲うのだった。「父よ、お許し下さい。この人たちは、自分が何をしているのか分からないのです」と人々を哀れみ、神に赦しを請うイエスがいる。この言葉は、イエスを十字架に架けようとしている者のみではなく、その場に居合わせた民衆ひいては全人類、また私自身に向けられた言葉でもあった。十字架上にありながらも全人類をも赦してくれるイエスの深い愛、哀れみと平和にただ圧倒されるのであった。自分を死に至らせる者をも赦すイエスは、十字架上にありながらも私たち人間には考えられない深い〝神の静寂〟の中にいることを、私に想い起こさせるのであった。この世を超えた神の静寂の中に居るイエスは、ずたずたに傷ついた自分の肉体の痛みさえ感じられなくなっていたのかもしれない。人間的自己を無にした〝神の静寂〟の中で、イエスは「わたしの母とは誰か」と母マリアをヨハネに託し、自分と共に十字架に架けられた強盗の一人には「わたしと共に天に居るだろう」と希望を与える。瀕死の十字架上のイエスであるにも拘らず〝神の静寂〟の中にいるイエスは、人間としての深い愛を人類に与えることができているのだ。それでもイエスは「エリ、エリ、レマ、サバクタニ（わが神、わが神、なぜわたしをお見捨てになったのですか）」、「渇く」と叫ぶが、この言葉の中にも決して完全な絶望はない。「父よ、私の霊を御手にゆだねます」、「成し遂げられた」と叫ぶイエスに、私は限りない安堵感を覚えるのであった。この時イエスは、平安の内に神の光の中に包まれていたに相違ない。それまでは、まだ人間としての肉体を持ったイエスの〝神の静寂〟であったであろう。イエスはこの言葉と共に、十字架上でありながら人間的肉体を離れて、完全に神と一致した〝神の静寂〟となり天に昇られたのだと、描くことを止めてしばらく机にうつ伏して祈り、私もイエスに倣って〝成し遂げたい〟と思い、イエスに続くことができるだろうかとイエスを想うのだった。

復活祭が遅かった二〇〇〇年四月末ごろに百号の「復活」のイコンを描き始めた。
二か月半くらいの後、大分出来上がっていた。イコンで最後に描くのは人物の顔と手足になる。イエスとアダムとエバの顔も仕上がって、最後に黄泉の国からアダムとエバを引き上げようとするイエスの手を描いていた。その時、描いている私の腕を握るキリストの手を感じるように思った。私は思わず〝イエスさま、どうかこのまま私の腕を離さないでください。あなたを十字架に架けたのは私たち人間でした。それなのに尚、私たち人間を救おうと復活してこの世に降りてくださった。このまま決してあなたの手を私の腕から離さないでください。何時までも私の腕を握って、私を闇から引き上げていてください〟と、有り難さのあまり天に両手を伸ばして祈らずにはいられなかったのだった。

戯言をと思われるかもしれないが、私は、復活祭からずっと「復活」のイコンを描きながら復活したイエスさまばかりを見てイエスさまを想っていた。復活したイエスさまから腕を持たれて、救いに与かっているアダムとエバである自分を感じることになったのは、当然のことであったのかもしれない。

イコンには署名がない。神の国を描いたものだから署名してはならないと、観念的に思っていたがある時こんな体験をした。

イコンを真のイコンにするのは〝顔〟と言っても過言ではない。特にキリスト像は、〝唯一の神の似姿そのもの〟と言われており、厳密にイコンとして描かなくてはならないから、非常に厳しいものになる。職人的仕事が多分にある衣服や色彩や線の引き方にも細心の注意を払うが、慣れてくると難しくなくなる。しかし顔だけは、何回描いても真剣勝負で臨まなくてはならない。最後に顔を描いて仕上げることになるから、顔を描く三、四日前から気持ちがキリストの顔だけに集中している。

イコノスタシスの「キリスト」（１８４ページ写真・最下段右）も同じ過程で出来上がった。完成が近づくと描いている未完成のイコンのキリストに向かって、「イエスさま、どうか本当の神の似姿のキリストのイコンになってください。あなたの御顔は〇日に描くことになります。神さま、イエスさまの本当のイコンが描けますように私に聖霊を送ってください。私の身体を通して、この腕に聖霊を送ってください」と筆を持つ右腕を擦ったりしていた。夜も昼もなく四六時中このことばかりを想って祈る。

イコノスタシスのキリストの御顔を描く数日前から体調を整えていた。描く日、時間的にも余裕を持って何となくしっかりと丹念に手を洗いもした。〝イエスさまが本当のイコンになりますように〟と祈りながら描き始めた。すると本当にすんなりと短時間の内に御顔が出来上がった。イコンを寝かせて描いているから、出来上がったキリスト像を机に立てかけて眺めた。その瞬間であった。〝ああ、イコンになった。イエスさまが本当のイコンになってくださった〟と嬉しくて有り難くて小躍りした。本当に私の想っていた〝神の似姿〟らしいキリストのイコンが出来上がっていた。

小躍りしながらくるりと回って、もう一度イコンを見たその瞬間だった。それまで描き手の私の支配下にあった私のイコンが、私の手の届かない〃神の似姿〃になってしまったことを感じたのだった。つい二、三分前まで、私は私のものとして描いているイコンの画面を支配していた。今、画面は真のイコン、神の似姿として私の立ち入ることの出来ない神の国になってしまった。この世とは全く異次元の神の国に、描き手だったとはいえ傲慢にも署名などというこの世の世界を持ち込むことができようか。その時私は、〃イコンになられたイエスさま、どうぞイコンとしてこの世に出て多くの人々を慰めてください。もうあなたは私の手の届かない神の世界に行ってしまわれたのですから〃と、イコンの前で祈る他なかった。イコン画家は本当の神の似姿であるイコンを描けたと思った瞬間、もはや神の国になってしまったそのイコンの前にひれ伏すことしかできなくなるのである。この体験からイコン画家がイコンに署名しない本当の理由を知った。

イコンを描くことを通して、私は、描くことは祈りであり神に出逢えることでもあることを知った。イコンと向き合う人々も、イコンから神の国を知ることができ神に出逢うことができることを確信している。文字で書かれた福音の〃聖書〃から神の国を垣間見、知ることができるように、絵で描かれた福音の〃イコン〃から神の国を垣間見、神の国を知ることができると思う。私は、〝神の似姿〟であるイコンが、見る者に語りかけ神の世界に招き入れるようなイコンを目指してイコンを描き続けたいと思う。

しかし、どんなに完成されたイコンからでも神の国の全容を知ることは出来ない。どんなに巧みなイコン画家でも神の国の全容を表現することは出来ない。神の国は私たち人間には計り知れない神秘として在るからだ。私たち人間は、聖書やイコンを通してほんの少し神の国を垣間見られるということだけに留まる。聖書やイコンから神の国をより多く知りたいと思うなら、それは神からの恵みの聖霊に頼むより以外にない。〝聖霊、来てください〟と常に祈り神と向き合う心がけで生きる以外にない。

4　イコノスタシス

〝絵で描く（書く）聖書〟と言われるイコンについては、現在多くの著書が出回っているが、「イコノスタシス」についてはあまり知られていない。日本語で聖障《せいしょう》と呼ばれる東方キリスト教会内の正面にあるイコンの壁、イコノスタシスについてこれがどれほど重要なものであるかを知る人が少ないように思われる。そこでここに説明しておきたいと思う。

イコノスタシスは、東方キリスト教会内の聖所（信者席）と至聖所（内陣、教会の奥）

『イコノスタシス』

を区別するイコンの壁で、日本語では聖障と呼ばれる。イコノスタシスは、この世とは全く異次元の世界である神の国と、この世とを区別するために造られたもので、古代教会では至聖所を一段高くしただけのものであったという。古くから幕を張ったり手すりを設けたりすることもあり、後、手すりの上にイコンが置かれるようになり、徐々に現在のイコノスタシスの形が出来上がってきた。イコノスタシスが五段にもなり、天井まで届くようになったのはイコンがロシアに入った時からだと言われる。

一段目には王門と北門、南門がある。王門はイコノスタシスの中で最も重要な部分で、王門にはイコノスタシス全体の神学的意味が含まれていると言われる。王門には四福音書記者、時にペテロとパウロ、あるいは受胎告知が描かれる。王門の上には弟子にパンを与えるキリスト、あるいは最後の晩餐がある。この段の左には聖母が、右には主に審判のキリストが描かれる。二段目はディシス（とりなし、懇願）と呼ばれる救世主キリストを中心に左に聖母マリア、右に洗礼者ヨハネの三枚のイコンが描かれて、左右に天使、聖人、教父、殉教者等が描かれる。三段目はキリストと聖母マリアの生涯が描かれている。四段目は旧約聖書の預言者たちのイコンが置かれる。私が描いたイコノスタシスにはないが、最後の五段目は旧約聖書の族長たちのイコンとなる。これで分かるように、一段から五段までのイコノスタシス全体が、文字で書かれた一冊の聖書と同じように神の国全体を顕した絵巻であると言ってもいいだろう。

私は、聖書は文字で顕した〝神の世界〟であると思っている。旧約聖書の宇宙の始まりである創世記から始まって、新約聖書のイエス・キリストの誕生、十字架上での死、復活して今もこの宇宙を聖霊で満たしている神、そしてまた、地球が滅びた後もこの宇宙を永遠に支配していく壮大な神の世界を私達に垣間見せて、神のご意志を私達に教えてくれているのが聖書だと思っている。聖書を読む時、旧約聖書の出来事や新約聖書の出来事を切り取って勉強して神を観想することは神を知る上での大切な道であろう。多くの人々が、聖書に書かれている○章○節を切り取って観想することが多いと思う。私もそのように聖書を読むこともあるが、むしろ、私は旧約聖書と新約聖書を網羅した分厚い一冊の聖書を手にする時、この分厚い一冊の聖書の文字全体から滲み出る、聖書に書かれた神の世界（神）を感じ取ることが多い。それは、聖書を部分的に読むこととは全く異なった次元のことである。手にした聖書から、聖書の文字を読む前に神の国が見えて感じられると表現したらよいような、聖書に閉じ込められている神の世界を感じるのである。東方キリスト教会の方々が聖書を特に崇敬して特別に敬うのは、こういうことなのかもしれないと、この頃になって分かってきたような気がする。

同じように、絵で描かれた聖書であるイコンを観る者は、イコンに描かれている聖書の物語や、イエス・キリストや聖母や、降誕、磔刑、復活、その他イコンに描かれている場面や人物や出来事に絞って研究し観想することが多いと思う。これは前述したように、文字で書かれた聖書にある○章○節の部分を切り取って観想することと同じことだと思う。

イコノスタシスは一冊の聖書と同じように、旧約聖書と新約聖書を網羅して絵で描いた（書いた）一冊の聖書と同じものである。聖書を手にする者が聖書全体に閉じ込められた壮大な神の国（神）を感じ神に出逢うように、イコノスタシスを観る者はイコノスタシスに閉じ込められた壮大な神の国（神）に出逢ってほしいと願う。一冊の聖書がこの聖書全体の言葉を通して壮大な神の国（神）を顕している様に、イコノスタシスも五段ある絵画全体でこの壮大な神の国（神）を顕そうとしている。イコノスタシスの一枚一枚のイコンの前に立ち止まりじっくり眺めて神の世界を観想することも大切だ。が、イコノスタシスを観る者は、私が分厚い一冊の聖書を手に取りすぐさま壮大な神の国を感じるように、一冊の聖書を絵で顕した神の国であるイコノスタシスから、溢れ出る神の世界を感じとってほしいと願っている。

5　イコンに見るパウロ

パウロと聞けば、誰でもすぐにあのダマスコへの道の出来事（使途言行録9・22、26）を思い出す。

ステファノの石打刑に賛成し、石を投げた人々の着物番をしていた青年サウロ（パウロ）は、その後エルサレム教会への大迫害の先駆者となり教会を荒らし回っていた。サウロは大司教からダマスコ教会堂宛の親書をもらい、イエスの教える主の道に従う者をエルサレムに引いていこうとダマスコへの道を急いでいた。

ところが、ダマスコの近くまで来た時、突然、天から光が射して彼を包み照らした。サウロは地に倒れ「サウロ、サウロ、なぜわたしを迫害するのか」と呼びかける声を聴いた。「主よ、あなたはどなたですか」と言うと、答えがあった。「わたしは、あなたが迫害しているイエスである。起きて町に入れ。そうすれば、あなたのなすべきことが知らされる」。物も言えずに立っていた同行者たちにもその声だけは聞こえた。サウロは立ち上がったが、目は開いていても見えず、彼は人々に手を引かれながらダマスコに入った。

主は幻の中でダマスコにいるアナニアにサウロの目を開けるように命じるが、サウロの教会への迫害を聞いているアナニアはこれに逆らった。しかし、主は、「行け。あの者は異邦人や王たち、またイスラエルの子らにわたしの名を伝えるためにわたしが選んだ器である。わたしの名のためにどんなに苦しまなければならないかを、わたしは彼に示そう」と言われた。アナニアがサウロの上に手を置き、サウロのために主に遣わされていることを告げると、サウロの目から鱗《うろこ》のようなものが落ちサウロは再び目が見えるようになった。

私は、初めてこのパウロの天からの光による召し出しを知った時、何とも言えない安心と喜びを感じた。聖書の中に天からの光そのものに出逢い、盲目になることを通して生き返されてその後の人生を光のみのために生き抜いた人物がいたことは、私の人生にとってこの上ない模範であり励みであった。

聖書の解説書などで、これをよく「パウロの回心」と説明しているが、私にはとてもこれが普通に考えられている「回心」というような生易しいことであったとは思えない。神は一方的にパウロを選び、光によって生き返らせ、世界中に福音（聖書）を知らせるための道具としてパウロを召し出した。パウロはこの天からの召し出しにより、パウロのそれまでの意志だったものとは真逆のイエスの信奉者となり、誰よりも力強いイエスの宣教者となったのだ。迫害者だったパウロは、逆に誰よりも迫害される宣教者となったが、生涯で三回の大伝道旅行をしてイスラエルだけでなく異邦人に広く福音を伝える者となった。

パウロの意志ではなく、一方的に召し出されてダマスコの光に捉えられたパウロは、絶対に光に逆らうことはできない。ダマスコの光は人間をはるかに超えた絶対者の光で、パウロが聴いた絶対者の声はパウロに有無を言わせない、人間をはるかに超えた絶対者の意志であったからである。パウロ自身が自覚しているかいないかにかかわらず、ダマスコの光の中での声が、光に出逢った後のパウロを支配してパウロを動かしていたという以外にない。これがパウロの「回心」であったと思う。

パウロはしばしば、迫害に遭ったり牢に入れられたりした時にも、深い喜びの中にいる。

人として精神的、肉体的にどんな苦しみに遭ってもパウロの喜びは変わらない。迫害されればされるほど喜びに満たされるということは、光が、苦難を与えると共に喜びをも与えているということであろう。パウロ自身が喜ぶのではなく、パウロを操る光がパウロに喜びを与えているのだ。パウロは、迫害していた時と同じようにエネルギッシュに宣教してその人生を光と共に生き殉教した。「わたしは、キリストとその復活の力とを知り、その苦しみに与かって、その死の姿にあやかりながら、何とかして死者の中からの復活に達したい」（フィリピ3・10〜11）、この言葉通りに殉教しその生涯を終えたパウロは、死の瞬間の苦しみの中でキリスト・神と一致した喜びを味わっていたに違いない。

イコンに登場するパウロはあまり多くはない。多く見られるのはイコノスタシスの三段目、ディシスの右側に位置するパウロである。手に聖書（巻物）を持ち、前髪をほんの少し残し頭は剝げており髪から顎にかけての髭がある。キリストにへりくだり、とりなしを願うパウロとして描かれ、これはパウロの全てのイコンに共通する特徴で、見慣れてくるとどれがパウロかすぐに分かる。イコンのパウロは特別な場合でない限りペテロと対に描かれることが多い。イコノスタシスのディシスの左側にはパウロと対のペテロがいる。その他〝聖母の御眠り〟、〝聖霊降臨〟のイコンにもペテロとパウロが描かれる。また、ペテロとパウロ二人の立像や抱擁のイコン、十二使徒の中のペテロとパウロもある。ペテロとパウロは教会史の中で同じ時代に生き、広く宣教し教会の礎となり、三年の隔たりで同じように殉教した。それでイコンの中でも使途の代表者として特別に扱われている。

聖書のパウロはもっと若くエネルギッシュな感じがするけれど、イコンのパウロは年取っているという人がいる。イコンは写実ではなく聖書の物語を描くと同時に神の国を写し出すものだ。それぞれの人物は伝承によって描かれたというからイエスもマリアもどこか生前の姿に似ているかもしれない。しかしそれは大きな問題ではなく、イコンはむしろ、その人物の霊性が顕されているかと言うことになる。また神の国の人として描かれるので、性別や年齢は問題にならない。むしろそれらは邪魔になり、イコンの人物は全てイエス・キリストの似姿であると言っても過言ではない。

パウロのイコンに出逢う時、〝ダマスコでの光の召し出しを受けたパウロ〟を観想することだと思う。パウロだけが与かった〝特別な回心〟を想い、迫害に遭いながらパウロが喜びの内にその人生を生き抜き殉教したのは、ダマスコの光（神）がパウロに与えた恩恵であったと思う。私は、あくまでも従順にその恩恵に与かって生涯を貫いたパウロに倣いたいと思うし、パウロのイコンを観る皆さまには、あくまでも光に従順であったパウロを感じ取ってほしいと願う。

『聖パウロ』

六　出逢い

忘れ得ぬ人々

1　三枚のガム

もう三十年も前の話である。当時、調布市の画材店で開いていたデッサン教室に通っていた。調布駅から出るバスに乗って帰宅することが多かった。その日もバスに乗ろうとバス停に行ってみると、バス停の後ろに置かれたベンチに男がお弁当を食べていた。一見して路上生活者であることが分かったが、都心でもないこんな辺鄙な場所にどうして居るのだろうと訝しく思った。今ではビルが立ち並んでいるが、当時の調布駅前は駅前整備が始まったばかりで、駅前から片側二車線道路が百メートルばかり延びていて、バス停はその途中にあった。バス停のあるこちら側は歩道を挟んで畑が広がっていた。新しくできた広い道路の向こう側はバス停の真ん前がT字路になっていた。T字路の両側の角に三階くらいの粗末なビルが建っていた。私が一番だったのでバス停横の彼のすぐ前でバスを待つことになった。人のお食事を覗くのも失礼かとT字路の方を向いて立った。と、その瞬間、目の前のT字路の奥の方から突風が吹き荒れ、つむじ風が十一月の落葉を吸い上げながらビルの角を曲がって駅の方に消えた。ほんの一瞬ではあったが、建物も木々も電線も、駅の方で歩いていた人も、何もかもが舞い上がったかと思われるほどに揺れ動き大きな音をたてた。

「おお、寒《さ》む」の声で振り向くと、私の気配を感じた彼は私を見上げながら「今、ご飯食べてるんだけどヨ、ご飯食べても寒いよ」と、オーバーのエリを掻き合わせた。何枚も着ているがどの服も汚れて元の色の見分けがつかない。これでは寒いはずだ。「今すごい風が吹いたからね。沢山着ているようだけど薄い物ばかりだから寒いわよね」と私。私は彼が傷つくであろう言葉、〝汚れて薄くなった〟と言ってはいけないと思い、とっさにこんな風に言った。二言三言話しているうちに彼は箸を止めて、「奥さん、若い時うんときれいだったでしょう」と言う。「きれいだったかなあ。誰でも若い時はきれいだから。私もきれいだったかもしれないわね」と答えたら、「ううん、今もきれいだけどヨ、今もうんときれいだけどヨ、特に目が澄んでとてもきれいだヨ。でもほんと、若い時はもっともっときれいだったと思うヨ」と、若い時と言ってしまったことにこだわって盛んに釈明した。それから急に、ほんの少しためらった間をおいて「おれ、若い頃だったら結婚申し込んでた」と言う。私は大いに可笑しくなって、「ほんと、お互いもっと若かったらねえ、ほんと結婚していたかもね。出会いが遅すぎたのね」と言った。やにわに彼は食べ終えた弁当を置き、持っていた彼の汚れた大袋の中を探し始めた。三分の一ほど残っているジョニ赤のボトルをちょっと上げて私に見せる。「あ、それ飲めば温かいわよね」と私。目的はそれではないらしくすぐに置いて、また探したがあとは小さな布包みだけであった。彼は立ち上がりポケットを探し始めた。内側のポケットから順にズボン、オーバーの内ポケットを探す。オーバーの外ポケットから封の切られたガムが出てきた。「これじゃない。おれ、奥さんに何かあげたいからよう」とつぶやきながら最後のポケットを探すと、新品のガムが出てきた。当時流行っていた「ＢＬＡＣＫ ＢＬＡＣＫ」だ。「これこれ、これあげるからヨ、おれ、奥さんに何かあげたいからよオ」と私の方に差し出してきた。「あら新しいんじゃない。おじさん食べようと思っていたんだから、私はいいの。とっといたらいい」とお断りした。彼はこのガムでちょっとした空腹なら癒すことができるはずだ。ガムで気が紛れることもあろう。私が貰うものではないと思った。「嬉しいけど、おじさんとっときなさいよ」と手を横に振った。とバスが来た。「バス来ちゃった。気持ちだけいただいておくわ。ありがとう」と言うと、彼は「おれ、ほんと、ただ何かあげたいからよ」と、私の持っていた大きく口の開いた画板袋の中にそのガムを放り込んだ。私の後ろに何人か待っている。皆、私が乗るのを待っている。「じゃいただくわね。私おじさんに何もあげるものないけど。ありがとう。さようなら」そのままバスに飛び乗った。バスに揺られながら温かいものが込み上げてきて泣きそうになった。彼は彼の持っている物の中から一番立派なものを私にくれてしまった。彼は私が〝きれい〟だからガムを差し出したのではない。こんな立派な贈り物をもらったことがない。嬉しくて切なかった。

当時、夫の親族は私を精神病だなどと言っており、本当に精神疾患者であった夫は一生を受動だけで生きていて妻をフォローすることなど決してなかった。彼も親族が言うことを信じていたのかもしれない。四面楚歌の生活の中で心の通じ合える会話に飢えていた私であった。最初、路上の彼は一般市民の殿方がちょっと言ってみたい言葉を私に投げかけたのかもしれない。あるいは彼自身も私と同じように通じ合える言葉に飢えていたのかもしれない。二人のやり取りはお互いに何の外連《けれん》もない心の通じ合えるものになっていた。彼は今の彼の立場をしっかりと分かっていながら「結婚したかった」と言い、私はその時、本当に出会いが今でなかったなら、あるいはこの人と結婚していたかもしれない、この人も別な形で生きていたかもしれないと思ってしまったのだ。そして、あのつむじ風と共に二人の間にイエスさまが降り立ったような感じがした。あの時一瞬吹き荒れた冷たい木枯らしの中での、この時の温かい空気だけが長い間私の内にあった。ガムを本棚に置いて眺めては、あの時の温かい空気を思い出していた。半年くらい後、それまで何回か嚙もうとしたガムだったが、長いこと動かさずに置いたガムは埃がたまっていた。中に三枚入っていたが食べずに捨ててしまったと思う。今でも嚙んでおけばよかったと思う。

このことは誰にも話さなかった。数年はこの時の温かさを思い出しては、あの時つむじ風と共にイエスさまが降り立ったのだと思ったりしていた。が、その後、何年も忘れてしまっていたが、夫が亡くなって一段落すると急にこのことが思い出された。そして、私の記憶が全く別のものになって定着していたことに気づいた。前述したことは当時の書き物に書いてあったことだが、長い年月の間に私の記憶は次のようになっていたのである。

あの人は不思議な人であった。第一、どうしてあんな人気のない場所に一人で居たのだろう。私が彼の前に立った瞬間に吹いたあのつむじ風を伴った突風は何だったのだろう。あれからすぐに風は止んでしまった。彼の背が高かったことだけは思い出せるが、お顔は思い出せない。イエスさまのように汚れて色の無くなった何枚もの衣服を着ていた。丈の長いオーバーのポケットの中から、あの人は三つの飴玉をくれた。あれはきっとイエスさまであったに違いないと、ガムではなく飴玉をもらったことになって、彼をイエスさまと重ねるようになっていた。確かに三枚のガムであったのだが、私はこれを三位一体の青、赤、黄のセロハン紙に包んだ飴玉だったと思い込んでしまっていた。いつ頃からか分からない。「結婚したかった」と言ってくれた人がイエスさまだったかもしれないと思うことで、あの時の二人の間に流れた温かい空気だけが思い出されて、胸が詰まるような嬉しい気持ちになっていたのだ。今でも、確かにあの人はイエスさまだったと思いたい。

2　車中にて

まだ院展に出品していた頃のことである。私は上野の美術館に行こうと新宿から山手線に乗った。十時頃であったが、新宿で大勢が降りた後だったので座席のちょうど真ん中辺りに座ることができた。池袋でも大勢が降りて、また同じくらいの人が乗り終えて発車の笛が鳴った時、閉まりかかったドアを押さえて一人の酔っ払いが何か喚きながら車中によろけ込んだ。当然、乗客は彼から逃げようと嫌な顔をしながらさっと道を空けたので、彼はふらつきながら私の前まで来た。怒りと不満の罵声を上げながらもっと奥に行きたそうな気配であった。これ以上彼が動くと乗客が騒がしくなると思った私は、「旦那さん、危ないからここに座ったら、皆さんどいてくださったからいいけど、転びそうよ」と席を立って彼に座席を譲ろうとした。彼は私に席を譲られたことにほっとしたのか、大声を出すのを止めた。「いいよ、いいよ。おれ大丈夫だ」「でもふらついているから、皆さん怖がっちゃったのよ」というと、〝女の人に譲ってもらうのは遠慮する〟というようなことを言う。「大丈夫だ、おれ、つり革につかまっているから」と言う。私も無理強いはせずにそれならと座りなおして、「じゃあ動かないでここにいてね」と彼と話し始めた。私「朝から飲んじゃったのね」「飲まないで居られるもんか」「ううん、世の中嫌なことばかりだからね。腹の立つこともあるし、そんな時、私だって飲みたくなるわよね」などと話すと、彼は家庭か勤務先かとにかくどうにも腹の虫が治まらないことがいっぱいあることを、具体的にではないが怒って嘆いて話すのだった。

私も、もし彼が刃物などを持っていたらこんなふうには話せなかったかもしれない。彼はただの酔いが回り過ぎているだけのことが、彼が乗り込んだ時にその様子から分かった。私は、乗客が彼を恐れれば恐れるほど、それを感じる彼はますます腹立たしくなり喚き散らすだろうと思ったのだ。彼が激して誰かに喧嘩でもふっかけたら大きな騒ぎになる。ちょっと話しかけて彼の気持ちを汲んでやれば気持ちが収まるのではないか、と瞬時に思ったのである。時には窓から見る風景の話や世間話などをしている内に彼も大分落ち着いてきていた。乗客たちも彼と私の話に耳を傾けて和やかになった。ひそかに笑う人もいた。私が降りる鶯谷駅に着いたので、降りるから座るように勧めると、すぐ降りるから立ったままでいいと言う。「じゃあ、転ばないようにつかまっていてね」とさようならをして降りた。彼がどこで降りたか知らない、美術館への道すがら、彼が彼の行くべき場所に無事着いてくれるようにと祈っていた。

私は時々、自分でも考えてもいないこういう奇妙な行動をする。人に話すと笑われたり危険だからしてはいけないと言われたりもするが、これが私なのだと思う。世間体など何も考えずに、喧騒や息苦しい空気を感じると瞬時に体が先に動いてピエロになってしまうのだ。この時のようにそれでみんなが穏やかになってくれれば、私は満足で安心するのだ。争いほど嫌いなものはない。

3　精神科病棟にて

私は、精神科病棟で一九八九年から十一年間、絵画療法士として患者の皆さんが絵を描くお手伝いをしていた。週一回であったが楽しみに待ってくれる人もいて、私も外で働いているという励みにもなっていた。始める前に必ず「絵の時間だから来てね」と病棟を回って皆さんの様子を伺った。小学校以来絵など描いたことがないとしり込みする人も、展示された皆さんの絵を見て描き出す人もいた。何十年ぶりに描いた自分の絵の前で満足する患者さんたちに私も喜びを感じていた。

ある時、皆さんに声かけしようと回っていると、スタッフから「そこの部屋の人はダメ。ちょっと無理」と言われた方が居た。言葉が通じないからパジャマのままでどうすることもできないとのことであった。病院の規則で朝起きたら着替えることが義務づけられていたのである。一人許すと収拾がつかなくなるとのことで、彼女だけにパジャマ姿を許すことは出来ないとのことであった。家で大声を出し暴れるようになり、家族では手がつけられなくなって入院したとのことであった。ちらっと部屋を覗いてみると三十代くらいの彼女がぼんやりとベッドに座っている。お声かけもせずに時間になったので絵画教室を始めたが、その間、彼女のことが気にかかってしかたなかった。帰り際、もう一度彼女に会ってみようと部屋まで行くと、スタッフは、彼女はやはりパジャマのままで喚くばかりでどうにもならないと言う。「ちょっと覗いてみてもいいかしら」と了承を得て彼女の部屋に入って行った。

一人部屋に入っており割合広い部屋だ。開いているドアから五、六歩、歩いて奥の彼女に近づき「どうしたの？」と聞いた。彼女は立ち上がると言葉にならない言葉を発する。私が頷きながら聞いていると、やにわに着ているパジャマをすっかり脱いだ。パンツも脱いで赤ん坊のように真っ裸になってしまった。私はすぐに気づくことができた。「ああ、生理だったのね。大丈夫よ。生理用品持ってきている？」彼女は言葉にならない言葉を発しながら頷く。「じゃあ、心配ないわね。どこにあるの？」彼女はまた言葉にならない声を発して、彼女の荷物の中から必要な物を全部とり出した。「持ってきて良かったわね。これで大丈夫よ。自分でできるかしら？」彼女はワァワァ言いながらほとんど私の助けもなく自分で整えることができた。「これでいいわ。安心ね。じゃあ、今日はどのお洋服を着るのかしら。どれがいい？　お洋服でないと食堂に行けないんですって」こうして彼女はパジャマを脱いで、彼女の気に入った部屋着を選んで着替えることができたのだった。もう昼食時間も大分回っていたから食堂にはまばらな人だけだったが、彼女は入院以来やっと食堂で食事をとることができたのであった。

スタッフに事情を話し彼女と別れて帰ることにしたが、何か非常にやるせない気持ちになってしまった。彼女は言葉で話せなくなっているだけで何もかも理解していた。私の話す言葉は全て理解していたし、乱暴を働くわけでもない。持ち物からもご家族の彼女への愛情や気遣いが伝わってくるものがあった。それでも、この彼女の言葉にならない言葉がご家族にも伝わらなかったのだろうか。ご家族もこんな彼女のそれまでの行動に疲れきってしまっていたのかもしれない。今日、たまたま私は彼女の言葉を理解することができたが、彼女を分かる人が居なくなった時、彼女はまた誰も自分を理解してくれないと怒り、言葉にならない大声を上げ、家でしたように暴れることにもなるだろう。私が彼女の傍についていれば彼女は救われるかもしれないのにと、それが出来ない自分を悲しんだ。彼女に関わったことに何かいらぬお世話をしてしまったような、空しい心持ちにもなってしまった。スタッフに彼女を理解できる人が居ればよいが、それは無理かもしれない。彼女の言葉を分かるスタッフが居ないと、彼女はまた誰も分かってくれないと大声を出し暴れるかもしれない。彼女が私を求めて叫んでいるように感じて、彼女の心中を思ってやるせないまま帰途についた。

一週間、彼女のことがずっと気にかかっていた。次の週に病院に行ってみると、案の定、彼女は転院させられていた。騒いで暴れて手がつけられなくなって、入院から四日目に格子窓の車に乗せられて別の病院に行ったという。スタッフも格子窓が「すごく可哀そうだった」と言う。三十年くらい前のことだ。こんな時、格子窓の車が使われていたのであった。あれほどはっきりと周囲のことを理解していた彼女だった。ただ言葉で伝えられないだけの彼女であった。次の病院で彼女はますます絶望し大声を出し、困った人のレッテルを貼られて一生を送ることになるのかもしれない。気の毒でどうしようもなかったが、私には力の及ばないことであった。当時の医学では彼女を隔離する以外に方法がなかったのであろう。

夫Oの精神疾患の病名が分かったのも二、三十年くらい前からだったと聞いている。医学も日進月歩で進んでいる。つい最近、認知症の三年後の発症予測がＡＩにより分かるようになったとの報道を見た。今だったらＡＩの分析で彼女の正確な病気を知ることができたかもしれない。ＡＩから詳しい診断を得て、彼女への対処の仕方も格段に変わっていただろう。スタッフの患者への接し方も非常に進歩してきているし、現在なら彼女への適切な薬もあるだろう。その後の彼女が、格子窓の部屋に入れられて初めは喚き騒ぎ、それにも疲れて徐々に本当の廃人になっていく彼女の姿が私の目の前にちらついて、やるせない気持ちが長く続いた。彼女はまだ存命中かもしれない。願わくは、現在の進んだ医療で彼女が劇的に完治して社会に戻っていてくれたらと思う。

4　シナイ山にて

二十年前、二〇〇三年にエジプトのシナイ山に行った。行き帰りは団体旅行とご一緒させていただいたが、うち五日間を皆さんと別行動をとり一人でシナイ山に留まった。イコンを観るためにロシアやギリシャ、キプロス、トルコにも行ったが、どういう訳か特にシナイ山で出会った人々が今でも懐かしく思い出される。旧約聖書にあるモーセ（出エジプト記、レビ記）が、神から十戒を授けられた山としてのシナイ山に心惹かれるのだが、あの峻険な草木一本もない茶色だけの岩山の谷に、今も人々が住んでいることに感慨を覚えたのだ。

カイロからシナイ山のふもとまでタクシーで行った。日本のタクシーを思ってはいけない。ずいぶんポンコツ車で長時間走れるのか危ぶまれたが、旅行社が手配してくれたものだから不満はなかった。旅行社のマハメットさんと運転手さんが付いていてくれた。途中、荒涼とした人一人いない砂漠を走った。時には遠くに砂嵐が吹き荒れる。〝このあたりは注意しなければいけない〟というような二人の会話もあり、何が危ないのか言葉が分からない。砂嵐か、あるいはテロリストなどの政治がらみの感じがした。途中、二回もコーヒータイムを取ってくださった。昼食も私だけが別メニューで、彼らが離れて粗末な食事をしているのが見えて心苦しく思った。料金を支払っているのだから当然だったかもしれないが、こういう大名旅行は私には相応しくなかった。彼らと親しく話したかったが、彼らも仕事と思っているのだからと、窮屈な思いで一人食事をした。お二人の男性に守られながら一日かけて夕方六時ごろシナイ山のふもとのプラザホテルに着いた。塊のような岩山がそびえている谷間に、これだけが近代的な一階建のプラザホテルがあった。周りに家らしい家は一軒もない。上の方に聖エカテリニ修道院が見えるだけであった。

次の日、修道院まで歩くのは無理だとの忠告に従ってタクシーを手配してもらったが、今度は軽トラックであった。十分もかからないで九時ごろ修道院に着いたので、これなら歩くことができると思った。修道院聖堂に入るとその荘厳な美しさとイコンの多さに圧倒された。案内役の神父さまに話しかけられて、自分がイコン画家であることを話し写真をお見せすると、開館していなかったが、世界で最も古い六世紀のイコン「キリスト」と「聖人と共に居る聖母」、八世紀の「聖テオドロスと聖ゲオルギウスに囲まれた聖母」などがある博物館に案内してくださった。感謝感激であった。明日の十一時か十二時に美術館が開くからとも教えてくださった。昼過ぎになったので修道院を後にしてホテルまで歩いたが、谷の周りには重ねて連なる荘厳な茶色の岩山が迫り、紺碧の空とただそれだけであった。道にはラクダやタクシーを勧める案内人が二、三人居たが、人気が全くない。乾いた静けさだけの風景の中を歩いてホテルに着いた。

三日目には五時起きをして散歩に出た。多分あれがシナイ村道だったのだろう。修道院とは別方向に一本道が延びていて、そこに入っていった。後でここがシナイ村であることを知ったが、やはり人一人居ない。ここに人が住んでいるのだろうか。両側に岩ばかりがごつごつとある道を歩きながら、ホテルで働く人々の家はどこにあるのだろうかと訝しかった。太陽が昇り始めると岩山が真っ赤に染まり、太陽が上がるにつれて徐々に修道院やホテルのある谷に広がっていく。太陽が昇りきると谷全体が真っ赤に染まって、それは、それは壮大な光景であった。人間を寄せ付けない乾いた壮大さと言ってよい、真っ赤な光だけの空間であった。この日は、昨日神父さまが教えてくださったように美術館の開館を待ってラクダで修道院に行った。三時間ほどじっくりとイコンを観てホテルに徒歩で帰った。巨大な岩山に囲まれたシナイの谷の乾いた風景の中を歩きながら、旧約聖書の世界を想っていた。

あの壮大な日の出に会いたいと四日目にも朝の散歩に出た。朝食の後、一時間ほどかけて徒歩で修道院まで登った。じっくりと聖堂のイコンを観たいと朝の八時半には修道院に着いていた。「キリスト変容」のモザイクは上の窓からの光で常に金色に輝いている。美しさに圧倒されながら長い間聖堂の中に佇んだ。モーセの燃える柴の場所に建てられた「燃える柴礼拝堂」には聖職者だけが入ることができ、見学者は窓から覗くことになっていた。私が窓から覗いていると、一昨日の神父さまが通りかかった。多くの旅行者はほんの短時間見学するだけで帰ってしまうとのことで、私がまだシナイ山に居たことに感激されて「いらっしゃい」と言う。聖堂内を回って大きくはない入口から入り、さっき窓から覗いていた柴礼拝堂内に案内してくださった。入った瞬間、壁一面と天井までのトルコブルーのモザイクと、私が経験したこともない強いお香に圧倒された。祭壇には千六百年もの間消えたことのない灯があった。トルコブルーのモザイクで覆われた部屋の堅固さと強い香りの中に漂うその閑かさに、私は深い宗教的な神秘さを感じていた。

神父さまはアメリカから来て、もう長い間シナイ山に居るという。以前は多くの修道者がいたが、年々少なくなっているとの話であった。そして、礼拝堂の奥から小さな指輪を持ってきて、私にプレゼントしてくださった。せっかくの指輪だからと日本に帰ってはめていたことがあったが、溶接部が外れてしまったので今は保管されている。

シナイ山の太陽はいつまでも沈まない。その日の夕方七時過ぎに夕食をいただいたが、まだ明るかった。昨日パピルスを買ったホテルの庭の出店で、今日も店にいる彼と話した。私の片言の英語でも通じたのだろうか。彼は自分でパピルスの絵を描くことを話し、私もイコンの写真を彼にあげたと思う。話している内に、彼は「家に来ないか」と誘ってくれた。大変興味を持ちお伺いすることにした。家の者に知らせてくるからとのことで五分くらい待つと「どうぞ」と言う。驚いたのだが、彼の家はホテルからほんの一、二分の処にあった。ごつごつと並んでいる岩の前で「お入りください」と言う。どんな入口だったかどうしても思い出せない。通されると石壁に囲まれた三畳間にも満たない空間であった。窓も明かりもなかった。彼は閉めると暗いからと入口を開けておいた。置いてあったベンチと椅子に座るともう空間が無くなる。続く部屋がある様子であったが、幕で覆われていた。外見からでは全く家だとは思えない。シナイ山の民家は岩の造りであった。谷に並んだ小さな岩山は多分その多くが民家なのであろう。シナイ山に来てずっと不思議に思っていた謎が解けて、人の住まいは地上に見えるものとばかり思っていた自分の無知を知った。

彼の妻と四か月の女の赤ちゃん、彼女の友人と六か月の男の赤ちゃんが出迎えてくれた。

店番をするからとパピルスの彼は戻ってしまった。妻の彼女はこの村の小学校の校長先生だという。今でもそうだが、あの頃の私の英語力はほとんど皆無といってよかった。それでも話は通じて三人で楽しいひと時を過ごした。私に語学力があったらもっと学校のことや村のことを聞けたのにと残念に思う。帰り際、校長先生が私に木の実で作ったブレスレットをプレゼントしてくださった。彼女自身が作ったブレスレットでシナイでは貴重なものであるに違いない。今でも私の手元にある。

シナイ山には、滞在最終日に団体旅行者と合流して登ることになっていたが、どうしても一人で登ってみたかった。ホテルから歩いて、六時半には修道院に着いた。修道院は開いておらず誰も居ない。修道院を眺めながらしばらく休んで、七時に燃える柴の横を通って修道院の裏にあるシナイ山に登り始めた。かなり厳しい石階段を登って行った。途中石階段は無くなり、ふもとから遠回りして来るラクダ道と合流して山道になった。山道になると楽になったが、途中で道が分からなくなってしまった。これかなと三メートルほど登ってどうもおかしいと下を見るとはっきりと道が分かった。慌てて本道に下りたが、〝日本人女性シナイ山で遭難〟などとならなくてよかったと思った。そのまま登って行くとついに開けた場所に着いたが、あまり広くはなく誰も居ない。ただ小さな小屋があるだけで全く静かであった。周りは低い灌木があるだけだ。見上げると、飛行機が一機、右から左に横切って飛んで行った。その日は四月六日であった。三月二十日にイラク戦争が始まったばかりで、急に現実に戻って戦争に行く飛行機かなと思ったりした。それまで四日間シナイの谷で現実の世界をすっかり忘れてしまっていた私だったが、飛行機などというもっとも文明的なもので現実の世界に戻されたような気がしたのだ。シナイの谷がいかに世界から隔離されているか、改めて感じたのであった。ここが本当に頂上なのかと特別な感慨もなく、飛行機を眺めただけで引き返して山を下った。翌日、団体旅行の皆さんと合流してもう一度ラクダでシナイ山に登ったが、着いたのはやはり昨日の場所であった。あれが、モーセが登った山なのか今でも合点がいかない。シナイ山頂よりもエカテリニ修道院のあるシナイの谷全体の方がよほど旧約聖書の世界だったと今も思う。あの谷の空間は、確かにモーセがあの岩のどこかで十戒を授けられたと思わせる神の空間であった。

あれから二十年経った今でも、あの地に生きている人々を懐かしいというか、羨ましく思う。イラク戦争が始まって観光客が来なくなったと嘆いていたパピルスのお兄さんや修道院の神父さまもまだご健在であろう。ここ三年のコロナ禍で、また観光客が来なくなったと嘆いていたのかもしれない。世界の果てのあのシナイの地も徐々に文明に染まっていくのだろうが、二十年経った今でもあのシナイの谷は変わらないでいてほしいと思うのだ。シナイ村の人々が今も岩の家に住み、あの当時のままでいてほしいと思う。あの時お母さんに抱かれていた二人の赤ちゃんは二十歳になっているだろう。成長した彼らはシナイ村を離れてカイロなどの都会に行ってしまったのかもしれない。彼らが、一生をあの村で送ってくれたらどんなに嬉しいだろう。私には、あの地こそ最も神さまに近い地であると思えるのだ。あの谷で生まれ育つ人々が一人でも多くあの村に留まっていてくれたらと思う。シナイの谷が今も二十年前と同じであってほしいと思う。これは私の勝手な願いではあるのだが、シナイの谷のように神さまを想わせる地が、いつまでもそのままの形で地球上に残っていてくれるようにと願っている。

5　日本人の神さま

家の近くに温泉があり、週に二、三回は行くことにしている。コロナ禍前には毎日通っていたので顔見知りの風呂友達もできた。お互いに名前も知らず、だからこそだと思うが気軽に世間話や愚痴話、近況など楽しいことや苦しいこともざっくばらんに話していた。

もう何年も前になるが、中に大変活発で世話好きな方がおり、彼女がまめに人様の世話をするので、私が「本当によく人のお世話をするわね。私にはとても出来ない。頭が下がる」と言うと、彼女は答えた。「私、一度死んだからね。それで神さまに生き返らせてもらったの。その時にこれからは世のため人のために生きるようにと、神さまが生き返らせてくれたんだと思ったの。あの時から、死ぬまで世のため人のために何かしたいと思って生きているの」。数年前、村祭りイベントでこの地方の名物料理〝ソースカツ丼早食い競争〟があり、元々活発な彼女はこれに挑戦したとのこと。夢中になってカツ丼を食べていたら、カツが喉に詰まって息が出来なくなって倒れてしまった。大勢の人々の声援があり賑やかさの中での出来事で、警察からも注意するように言われていたので祭りには看護師さんも居た。息もしなくなった彼女にＡＥＤを使ったが生き返らない。救急車が来て病院に運んでいる途中に、救急車の揺れでカツが喉から飛び出して、それで息を吹き返したのだと彼女は話す。

「臨死体験だったのね」と私が言うと、初め真っ暗になり、それから綺麗な花がいっぱいになり、その向こうで幼くして亡くした子が「まだ来ちゃダメ、まだ来ちゃダメ、帰れ、帰れ」と言うから行かなかった、と言うのだ。そして意識が戻ると、〝神さまに生き返らせてもらったから恩返しにこれからは世のため人のために生きよう〟と、神さまに誓ったとのことだ。元々世話好きな彼女は、ご近所やお年寄りから何か頼まれると何でも全部してやりたいと、決して断らないで何でもすることにしているのだそうだ。歌や踊りが好きな彼女はボランティアで老人ホームを回ったり、祭や集会で先に立って歌ったり踊ったりもする。自分も楽しいし、みんなが喜んでくれるからそれが一番嬉しいと言う。

彼女の〝世のため人のため〟は本当に小さなことで、ご近所で車が無くて買い物や病院に行けない年寄りの送迎をしたり、買い物をしたり、酒好きで病弱な夫を「大嫌いだ」と言いながら一生懸命に世話する。ただそれだけのことだが、その〝世のため人のために生きよう〟が、彼女の心底からの揺るぎない生き様になっていて、それを実行するマメさ加減に感服したのだ。彼女のこの生き方の裏にこんな経緯があったのかと、私は、いい話だと感じ入ってしまった。「立派なことをしているから百歳まで生きるわね」と私が言うと、彼女は、「百歳まで生きても、生きてる限り私は世のため人のために生きてるよ」とのことだ。

そして、何よりも私を感動させたのは、彼女の〝神さまに生き返らせてもらった〟の最初の言葉だった。中学校を出てからお店で働きだした彼女は、村のお店の楽しいおばさんで、全くの平均的な日本の田舎のおばさんとして生きてきた。特に宗教に興味がある訳でもなく、もともと仏教徒である彼女はこの地方のしきたりに従って、ただ仏事をこなす程度の仏教徒なのである。キリスト教などと言っても「何だか知らん」と言うだろう。彼女の言う神さまは日本人の誰でもが言う汎神論的神さまなのかも知れない。でも、死から生き返ったと日本人が言う時、日本人は決して〝仏様が生き返らせてくれた〟とは言わない。必ず〝神さまが生き返らせてくれた〟と言う。そしてこの時の神さまは、どんな日本人でも限りなくキリスト教に近い神さまを思って言っている、と私には思えてならない。

以前、庭の草刈りを頼んだおじさんも同じような話をしていた。「事故で意識が無くなって一度死んだが、神さまから生き返らせてもらった」と、彼も彼女と同じように、「うんと綺麗な光が見えた」と言う。「おらあ、その時から生き方を変えた」と言うのだ。彼女も同じだった。彼等の言う神さまは、神さまという人格であり決して汎神論的神さまではない。けれども私には、彼等を教会に連れて行ってキリスト教の要理を学ばせようなどとは、とても、とても思えない。日本人が暮らしている空気とキリスト教の空気とは雲泥の差があり、全く異なっている。グローバル化した二十一世紀になってだいぶ変わってきてはいるが、日本人は教会に入った途端にたじろぎ後ずさりしてしまう。というより、キリスト教と聞くだけで遠い異国の宗教で、何か堅くてきどっていて学問がなければ理解できない、まず近づかない方がよいと多くの日本人が思っているような気がする。あるいはほとんど無関心を装う。私は、多くの日本人が本当はキリスト教の神さまを知っているのに〝惜しいなあ〟と思えてくる。もっと簡単に、誰でも受け入れて包み込むような形でキリスト教を知らせる方法がないものかと思ったりもする。私の〝ゴムのない風船のような神さま〟が、このことに一役買ってくれたらいいなあ、と思ったりもする。

最後に、宗教でいがみ合うことほど無意味なことはない。人間は限りない悪への傾きを持っているが、反比例して限りない真、善、美への憧れも持っている。人間だけが持っている宗教は人間の誕生からすでにあり、人間を超えた何かへの畏怖が様々な宗教を生み出してきたのだと思う。古代から地球上のあらゆる地域に、その地域に合った様々な宗教が生まれ、営まれ、悪に傾く人間を何とかして善に向かわせようとする役割を果たしてきたのだと思う。どんな時代のどんな宗教も、個々人の、生きにくいこの世から救われたいとの願望を受けとめようとしてきた。また、悟りに至り救われたいと宗教人となり、この世を離れて修行に励み日々を祈るだけで生きている人々もいる。地球上にどれほど多くの異なった宗教があるのか私は知らない。が、どんな宗教もその根源にあるのは〝救い〟である。個々人の救いから始まって人類の救いであろう。

イスラム教、仏教、キリスト教、ユダヤ教、ヒンズー教が世界人口の七十七パーセントを占めており、世界の五大宗教と言われているそうだ。私はこれらの宗教に関しての知識は皆無で何も話すことはできない。宗教に関心を持つ世界中の人々が様々な修行をすることを聞いている。座禅、黙想、巡礼、滝行、鞭打ち、絶食、砂漠や荒野での生活等々、宗教によってまだ沢山の修行方法があるのだろう。また各宗教での聖職者たちの修行も厳しさを極めると聞く。これらの修行はそれぞれに意味もあり、宗教的な体験を得られることにもなろう。人間の肉体がどれほどの欲望で悪をもたらすかを知れば、肉体を極限までに追い込む修行も価値あるものになるのだろうと思うからだ。

私は七十歳を過ぎた頃から、宗教は〝どんな宗教でも求めているものは同じだ〟、とはっきりと思うようになった。どんなに教義の異なる宗教でも、人間の求める宗教は根源的に同じものなのではないか。人類の誕生時から持っている〝救い〟への希求は、他力本願だとか自力本願だとか、汎神論だとか一神論だとかの宗教の教義とは全く無関係に、人間の精神の奥深くＤＮＡに組み込まれている同じ〝何かへの希求〟であるように思えるのだ。

前述した〝一度死んで生き返った〟彼女は、日本人的に綺麗な花が咲いた平原で何かに遭って生き返り、その後に生き方を変えた。私もまた、自害したい程に原罪に苦しんだ時、何か（光）に遭遇して生き返らせてもらい、この時、真理である生き方を授けられた。八十歳を超えて特に、キリスト教だけではなく他のどの宗教も宗教の根源にある救いとは、この何かに出逢うことなのだ、とはっきりと感じるようになったのである。だからこそ、宗教界が教義の異なる宗教を非難して喧嘩したり、あるいは戦いになったりすることは全く愚かなことだと思う。異なる宗派が各々の教義の違いを議論し合うのはいいが、世界中の人間一人ひとりが、国も育ちも食べ物も違うように、その人だけにしか受け入れられない宗教に与かって生きていることを認めないわけにはいかないのではないか。イスラム教も仏教もキリスト教もユダヤ教もヒンズー教も、有り難いと手を合わせて祈り拝む時、本当はみんな同じ何かに祈っているのだろうと思う。手を合わせたり十字を切ったり跪いたり拝礼する時、どんな宗教でもその行為の奥の奥に、各宗教の教義を超えた宗教の根源的な〝何か〟を感じ、それに首《こうべ》をたれているのだと思う。それが人間なのだと思う。この何かを様々な宗教が、様々な言葉で説明しているだけで、本当は、人間が求めている何かは、同じ何かでしかない、と思うのだ。

　何年も前からエキュメニカル運動（世界教会一致運動）が盛んになって、この頃では、キリスト教会のみでなく仏教や他の宗教も一緒に、聖職者たちや信者も含めて合同でお祈りをすることがあるようになった。嬉しく思う。

『乙女』

七　詩

花嫁の詩《うた》（「あなたへの手紙」より）
（一九九〇年五月八日～二十四日）

「花嫁の詩《うた》」

（二〇二三年五月二十八日）

「花嫁の詩《うた》」は、私が五十歳の時の詩であり、私がエロスの愛を完全に卒業して、アガペーの愛に移行する過程でできた詩と思っていただきたい。若い頃からあまり結婚願望がなく、男性方に魅力を感じてエロス的にあこがれることは少なかった私であったが、この詩を書くことによって、奇異なことだが、はっきりとこの世の男性方に憧れることはなくなってしまった。もちろん、男女を問わず、この世で立派なお仕事をする多くの方々に感服し尊敬もして、お会いもしたいし私もそうなりたいと思っていたが、それとは別に、この詩を創った後には、傲慢にもこの世の人々を、〝イエスさまに比べたら〟と私の内で思うようになってしまっていたのだ。

この世は、欠いてはならない全ての人々によって成り立っているのだから、この世の人々をイエスさまと比べることなどあまりにも突飛で荒唐無稽なことであったのだが、これは私の体質がこの世だけで満足できないつくりになっているからであると思う。私は肉体を持ったこの世の方々より、肉体を持たない神さま（イエスさま）と完全に一致することで、この世にはない悦びを得てしまったのだ。それがこの詩になったのだと思う。この詩は私の信仰の歩みの中で大変大切なものであったような思いがあり、ここに載せることにした。この詩を発表した時、あるシスターが「雅歌のよう」と言ってくださり、嬉しく思ったことを覚えている。そのようにお読みいただければと思う。

＊　＊　＊

（一九九〇年五月八日〜二十四日）

1

「神さま……」なんと空しい響きでしょう
「あなた」をお呼びいたすのを「神さま」などにしてしまったら
返ってこないこだまのように　空しく声が消えるだけ
空に放ったシャボン玉のように　空しく風に消えるだけ
〝神さま〟あなたはたった今からわたしの〝あなた〟
愛する乙女が　物陰でそっと呟く〝あなた〟のように
愛する妻が　胸に抱《だ》かれてちょっと囁《ささや》く〝あなた〟のように
神さま〝あなた〟はたった今からわたしの〝あなた〟
遠く離れた夫を慕って　焦がれる妻が送ったように
「神さま」あなたへの万感の思いを込めて

わたしはあなたへの手紙を書きましょう
たった一言のお手紙を
〝あなた〟

2

あなた
訳も分からずに望んだ出会いは
どれもこれもが中途半端で
どれもこれもが空しく過ぎて
どれもこれもが虚構であった

あなた
訳も分からず望んだ出会いは
この現実の世の中に
あなたの虚像を求めていた
真実の出会いを求めて　彷徨ったこの歳月に

わたしはついにずたずたになり
ああ　これほどにあなたは邪魔されて
この世でのわたしの出会いをお塞ぎになってしまわれた
たった今　わたしは目を開かれて
あなたがこれほどにこの世での出会いを邪魔されたのは
それほどにあなたがわたしを愛していてくださったのだ　と
そのことを悟ったのです

あなた　嫉妬なされたのですか
人間レベルの〝喜び〟にわたしが浸りきってしまうことを
あなた　焼きもちをお焼きになったのですね
わたしがこの世でのバージンロードを歩《あゆ》むことを
そして　ついにわたしは永遠に
この世では花嫁の道を歩《ある》くことはないでしょう
でもしかし　あなたがわたしになさったこの仕打ちこそが
あなたがあまりにもわたしを愛していてくださった証拠なのだと

今はただ　無上の〝悦び〟に満ち溢れ
今宵　純白のドレスに身を包み
わたしはあなたの花嫁になりました

3

純白のベールは悦びに溢れて　あなたの胸に抱《いだ》かれ
あなたの胸の鼓動に　うち震えます
あなたの甘いささやきが　わたしの身体《からだ》の隅々にまで沁み渡り
あなたの熱いまなざしは　わたしの魂を焼きつくします
今宵　あなたの息吹に触れて　わたしはあなたのお望みのままに
罪なき処女に甦り　あなたにすべてを捧げます
魂の悦びの震えは永久《とわ》に

4

純白のドレスはあなたのみ手に抱かれ
あなたのみ手の優しさに　もはや逃れることを知りません

あなたの甘い口づけは　甘い蜜よりも甘く
あなたの強いまなざしは　鋼鉄の弓よりも強く
わたしの魂を射ぬきます
あなたのみ手の優しさになす術もなく　身動きもせず
わたしはあなたにすべてを委ねて
あなたの平安の中に眠ります
わたしはあなたのすべてを見　聴き　感じ　味わい
やがて無上の悦びの内に　天に上げられます
純白のドレスは　今宵あなたのみ手の中に消え去ります

5

愛《いと》しいあなた
あなたはわたしが直感するよりも早く
わたしのすべてを見　感じ　赦し　愛してくださる
たとえ　あなたの目に映るわたしが　千の想いで人を陥れようと
たとえ　あなたの目に映るわたしが　万の言葉で人を傷つけようと

そしてまた　その数億倍の行いと　怠りで　この世のすべての罪を犯そうと
あなたはわたしのすべてを知って　赦し
なおもあなたのみ胸にだき寄せてくださる
あなた　初めからこんなにも愛していてくださった　あなた
今宵　あなたのみ胸の中で　ホロホロと悔悟の涙を流しましょう

6

海に漂う貝殻のように
あなたのみ胸に抱《いだ》かれて
渚の音を聴きましょう
さざ波　小波　ひたひたと
あなたの甘い囁きが
わたしの身体《からだ》を洗います
男波《おなみ》　女波《めなみ》の波頭
あなたの愛の豊かさが
わたしの身体を運びます

あなたの海に抱かれて
あなたの愛の深奥を
寄せては返すこの甘さ
海に漂う桜貝
この限りない悦びに
徒波《あだなみ》騒ぐ濁り世を
あなたの波で忘れましょう

7

出潮に乗って　今宵わたしはあなたの花嫁
月も待たずに船出して　あなたの愛の大海原に　こうして独り抱《だ》かれます
今は昇った月光に　静かな波の波頭　金波《きんは》　銀波《ぎんは》の波頭
深い潮の香　夜気に満ち　しゅくしゅくとあなたの胸に抱《だ》かれます
無垢の魂　至純《しじゅん》の愛　今は潮騒《しおざい》の音も遠のき

あなたと二人　あなたの愛の大海原に　孤独の充実を味わいましょう

8

生まれる前から見初められ　あなたのみ手に委ねられ
あなたの花嫁と決まっていたのに
ああ　もっと早くそのことに気づきさえしたら
この世でのあれやこれやの愛情ごっこ
この世でのあれやこれやの選り好み
ああ　どれもこれもが空しくて　しょせん消えていく水の泡
犯したすべてのわがままを　じっと見つめて見守って
今の今まで待っていてくださった
今その方の胸に飛び込んで
あなた　ありがとう　あなた

9

わたしの渇いた唇に　あなたの泉を飲ませてくださり

「もう　渇くことはない」と　おっしゃった
渇いたわたしの唇は　あなたの泉に満たされて　あなたの泉を飲みました
砂漠の砂に沁み込むように　あなたの泉が沁み渡り
やがて　わたしの内からも湧き出《いず》る泉
尽きることのない愛の泉に
あなたと二人
二人は一体となって溶け合い
この世にはない愛の歓喜に
愛の泉が溢れます

10

聖霊はあなたから送られた愛のキューピッド
あなたの愛の矢に当たり　魂はうわの空
まっすぐにあなたの方に手を伸ばし
あなた以外の何物も　もう見ることはできません
あなたの胸に吸い寄せられて　あなたの瞳が見えるだけ

盲目の愛の使いのキューピッド
あなたとわたしただ二人　見つめあい　確かめ合い
この熱烈な愛の炎は　光となって二人を包みます

11

あなたとわたしが愛し合う時　愛は光のベッドとなって輝きます
光のベッドの隅に座って　あなたのみ顔を見つめれば
わたしの魂は無心になって　光の安らぎの中に身を沈めます
こんなにも愛していてくださった　わたしの知らぬ間に
これほどに完全に用意していてくださった　わたしの愛を待って
今宵初めて　わたしはあなたと本当に愛し合い
あなたの光のベッドの中で　安らぎの一夜を明かします

12

悠久の河の流れに身を横たえて
あなたと二人

降る星の神秘を語りましょう
喧騒《けんそう》　騒然《そうぜん》　喧喧囂囂《けんけんごうごう》
遠くあの世の出来事は
所詮空しい狂想曲
あなたの腕の肘まくら
この静寂の流れの中で
宇宙はあなたの思いのままに
陽は沈み　月は昇り　星は降る
あなたと二人
宇宙の果てまで流されて
永久《とわ》の命を生きましょう

13

あなたのみ胸に顔を埋めて　痛恨の涙を流しましょう
ホロホロと落ちる涙が　あなたのみ胸に沁み込めば
黙するあなたはただ強く　抱《だ》きしめてくださる

あなたの沈黙はお赦しのしるし
〝知っていたのだよ〟と　あなたの強い抱擁が
そのことを語ってくださる
ああ　これほどに赦していてくださった
ああ　これほどに愛していてくださった
今の今まで気づかずに　あなたのみ許を離れては
勝手きままに遊んだわたし

まあそれほどでもないだろう
いつかはきっと崩れる仲《あいだ》
あなたのことを忘れては
この世に何かあるような
この世がすべてであるような
そんな思いを遊んだわたし

この世のすべてに弄《もてあそ》ばれて　ずたずたに傷ついた魂は今
あなたのみ胸に飛び込んで　あなたのみ胸を感じます
あなたのみ胸は厚く　熱く　わたしのすべてを包み込み
痛恨の涙はあなたのみ胸で癒されます

14

光のマントに身を包む
あなたの腕に手を携えて
花嫁の道を歩めば
花嫁の道は遠く長く
永遠のかなたに至り
しずしずと永遠の命を歩む
地球ははるかに遠くかすんで
光の道は天に届き
あなたと二人
永遠の玉座に座りましょう

15

わたしは砂漠にいたのでございます　いつごろ迷い込んだのか定かではなく　ただ熱く苦しく　渇きにおそわれ　目もかすみ　耳も遠のき　息もたえだえに　それでも遠く救いを求めて　よろよろと彷徨っていたのでございます　その時　本当にその瞬間でございました　わたしの目前に　ふわっと降り立つ美しいものを見たのでございます　光のマントに身を包んだ　それは　それは美しいお方でございました　そのお方は　瞬間に　光のマントの中にわたしを包み込んでくださったのです　それは　それはすばやく　あまりにも優雅で自然なしぐさでございましたので　わたしはそのお方の胸に顔を埋めて　ただ抱《いだ》かれておりました　こうしてわたしは砂漠の中で生き返り　そのお方の花嫁になったのでございます　今はただ幸福でございます

16

わたし　あなたの花嫁でよかった
だってこんなにも嬉しいんだもの
なぜ　わたしなどを選んでくださったのかしら

わたし　そんなに美しくはありません
わたしより美しく魅力的な方がたくさんおりますのに
わたし　あまりお利口でもありません
難しいご本も読めず　難しいことを覚えることもできず
難しいことを人々に説明したり　お話ししたり
難しい文章を書いたりすることもできませんのに
わたし　あまり強くもありません
いつもすぐ眠りたくなり　本当に眠ってばかりいるのです
何をしてもすぐに疲れてしまいますのに
わたし　おっちょこちょいで怠け者
時には急に泣いたり笑ったり
ひどく怒ったりすることもありますのに
それでもあなたはわたしを選んでくださった

わたし　あなたの花嫁でよかった
嬉しくてしょうがないもの

17

愛し合う二人がいつも一緒のように
わたし　あなたといつもご一緒です
朝起きてすぐ　あなたとお話ししているわたしがいます
新聞を読みながら　行間にあなたを感じて
あなたのお望みのことが　チラチラと読めてきます
テレビのニュースを聴きながら　声間に
あなたがこの世でなさりたいことが　チチチッと聞こえてきます
新婚の二人がいつも一緒のように
お食事も　お仕事も　お散歩も　お使いも　みんなあなたと一緒です
あなた　このままのわたしでいいとおっしゃったから
わたし気張らずに　このままのわたしであなたのお傍にいます
あなたがいつもご一緒していてくださるから　わたし寂しいことはなく
嬉しくて　楽しくて　いつも　いつも満足です
わたし　あなたの花嫁になれて本当によかった

18

わたし　あなたを信じようとして　信じているのではありません　あなたがわたしに侵入して　わたしを離してくれないのです　わたし　あなたを忘れてしまおうとする時もあります　でも忘れられない思い出のように　体のどこかに潜んでいては　すぐにわたしに甦るのです　あなたはもうわたしの一部で　わたしからあなたを取り除こうなどとすることは　それはとてもできないことなのです　あなたとわたし信じ合うとか　仲良くやろうとかいうような仲ではなく　あなたがわたし　わたしがあなたなのですね　まるでエイリアンみたいに　あなたはわたしに侵入してしまったのですもの　だからもう決っして　わたし　あなたとお別れすることはできません

19

わたし　あなたのちょっと後ろを歩くのが好きです
あなたのお決めになったこと　あなたのなさること　それらはみんな完璧で
わたし　あなたに一歩遅れて　あなたのなされるようにわたしもします
すると　何もかもうまくいって　なめらかにことが運ぶのです

わたし　あなたのなされることが分からず　立ち止まってしまうことがあります
そんな時　あなたはきっと待っていてくださいますもの
それがとても嬉しいのです
わたし　あなたの花嫁だから　あなたがわたしにさせたいことを
わたし　あなたにしてさしあげたいの
だからあなたのちょっと後ろを歩きます

20

あなたのみ胸を痛悔《つうかい》の涙で濡らしましょう

赦してください　すべてのことを
この世に憎しみがあることを
睨《にら》み合い　殺し合い　敵を作り　狂気に陥り
この世に戦いがあることを

赦してください　この世に不幸があることを

あなたを忘れ　勝手気ままに生き　欲望に溺れ
快楽に身を沈め　互いに不幸をなすりつけ合い
混乱に陥っていることを

赦してください
わたし　あなたのみ胸の中で　痛悔《つうかい》の涙を流しましょう
わたしの涙であなたのみ胸が溶けるまで
わたし　あなたの花嫁ならば　花嫁のわたしに免じて赦してください
あなたのお赦しのみ言葉が　すべての人々に聴こえるように
あなたがわたしを愛するように
あなたの愛が　すべての人々に行き渡りますように

赦してください
わたしがあなたのみ胸の中で　こんなにも泣いているのですから

21

あなたのみ胸に抱《いだ》かれて
満天降る星眺めていれば
この満天の静寂に
あなたのみ胸が真理の鼓動を
波打たせていることを感じます
脈々と波打つ鼓動に
生き死には遠くかなたに
遠くあの世の出来事で
わたしはもはや生きることも死ぬこともなく
永遠の命をあなたと共に生きています
満天星降る空の下で
あなたのみ胸に抱《いだ》かれて
花嫁が永遠の命を生きています

22

遠くあの世の出来事は
朝日に消える刹那《せつな》露《つゆ》
底なし沼の悪あがき
暗い闇夜の手探り歩き
すがる思いで摑んだ腕は
小悪魔　悪魔の黒い腕
黒いマントをひるがえし
誘う笑いを振りきれば
ふわっと降り立つ光のマント
光のマントに抱《いだ》かれて
遠くあの世を過ぎ来れば
ここはあなたとわたしの新居
光の館であなたと二人
花嫁は永遠の命を遊んでいます

23

四季の草花《くさばな》咲き乱れる草原は　一面柔らかい白光《びゃっこう》に包まれています
風もなく音もなく　しかし　温かい静寂が辺りを支配しています
わたしは静かに身体《からだ》を横たえ　ただあなたのみ姿を追っています
あなたは無言の言葉でわたしに話しかけ　わたしはそれらすべてを感じています
あなたのしぐさ　あなたのまなざし　あなたのすべてから放たれる無言の言葉を
わたしはわたしの全身で受け止め　理解します
わたしは満たされ　あなたも満たされ
わたしたちはこうして　白光の静寂の中に互いを分かち合っています

24

花嫁はあなたの奏でる音楽を聴きます
時には甘く
時には切なく
時には哀しみに満ちて

時には天地を揺るがすが如く
あなたはあなたの音楽を花嫁に聴かせます
賢い花嫁はあなたの音楽のすべてを感じ　悟り
二人の音楽は宇宙のかなたにまで行き渡り
永遠の命の悦びを奏でるでしょう

25

よく慣らされた小鳥のように
　わたしはあなたの周りを飛び歌いましょう
あなたは愛のみ手を伸ばして
　わたしをあなたの手のひらに載せましょう
わたしはあなたの首を抱《いだ》いて
　あなたに口づけをいたしましょう
あなたのお目に額に頬に
　あなたの耳に唇に
わたしはあなたによく慣らされた小鳥だから

あなた以外の何も見えず
あなただけがわたしの世界で
あなたのみ手にあなたの肩に
あなたのすべてにいつまでも戯れておりましょう
こうしてわたしはあなたと二人
あなたと永遠の巣作りをいたしましょう

26

あなたの花嫁であることが
こんなにも悦びであるならば
わたし
あなたにお願いします
全世界の人々を
あなたの花嫁にしてください
わたし
あなたの花嫁でこんなにも満ち足りているのですから

どうかこの悦びを
世界中の人々に分け与えてくださいますように
あなたの愛は大きすぎて
　わたし一人では受け取れない
わたし一人が花嫁なんて
　とってももったいないことですもの
あなたの愛は溢れすぎて
　わたし一人でいただく愛などほんの少しですもの
全世界の人々をあなたの花嫁になされてみても
　あなたの愛はもっと大きく
まだ　まだあり余って溢れ出てしまうことでしょう

あなた
　すべての人々をあなたの花嫁にしてください
わたしがこんなにも嬉しいのだから
　だれでもが花嫁の悦びを味わうことができますように

あなた
　全世界の人々をあなたの花嫁にしてください
わたし
　お願いいいたします

27

あの世のことは遠い出来事でございます
そう　たくさんの人が右往左往しておりました
道も分からず迷い込んでは
互いにぶつかり喧嘩して　押しのけ合っておりました
わたしはとうとう突き飛ばされて
はじき出されてしまいました
わたし　本当に途方にくれて
立ち止まって泣いていたのでございます
それは恐ろしい暗闇でございましたから
それでも何か

遠く　遠くに光が見えるのでございます
それは　それは微《かす》かに
それはあまりにも微かでございましたから
それに　皆さん押しのけ合うことに夢中でございましたから
だれもそれに気づきはしなかったのでございます
皆さんに押しのけられて
立ち止まってしまったわたしだけが
その遠い　遠い微かな光を見ることができたのでございます
わたしは思いっきり眼《まなこ》を開いて光を見つめたのでございます
なんという驚きでございましょう
それはあなたで
あなたへの道はずっと以前から
あなたの方に向かって開かれていたのでございます
わたしは悦びで夢中になり
ただその道をまっしぐらに歩いたのでございます
そしてふと　いつごろからか

わたしが道を歩いているのではなく
あなたがわたしを引き寄せてくださっていることに気づいたのでございます
こうしてわたしはあなたの許に手繰《たぐ》り寄せられたのでございました
思えばわたしより先に
わたしがあなたをお慕いするよりもずっと先に
あなたはわたしのすべてを知って
愛していてくださったのですね
わたし　あなたの花嫁になれて本当に幸せでございます
そしてもう　あの世のことは遠い出来事になってしまったのでございます

28

なんという温かい静寂でしょう
あなたの肩に身を寄せて
こうして二人で語らっていますと
もう何億年も昔から
あなたと二人でいたような

そんな気持ちでございます
あなたとわたしの語らいは
無言の語らい
あなたの想いがわたしに伝わり
こうしてあなたに肩寄せているだけで
わたしの想いもあなたに伝わり
限りない悦びに満たされるのでございます
こうしてあなたに抱《いだ》かれて
何億年も語らいましょう

29

こんなに満たされた静寂は
あの世にはありませんでした
あなたと二人
こうして白光《びゃっこう》の大空間に座っていますと
生まれる前から定められ

今ここにあなたと二人
いるべき場所に座っているのだと
そんな大きな安心です
あなた　あなたがこの大空間を満たして
わたしは　ただあなたに満たされています

30

あなた
あなたに微笑《ほほえ》み返します
あなたのお目にであったら
それだけが言葉ですもの

あなた
あなたに頷《うなず》きます
あなたの無言のお言葉に
返すお返事はそれだけですもの

あなた
　あなたに跪《ひざまず》きます
あなたのみ胸に抱《いだ》かれるために
わたしのできることはそれだけですもの

31

あの世のことは
　過ぎ去ったことです
あの世のことは
　通り過ぎた風景です
あの世のことは
　朝に消えた夢です
花嫁はあなたに抱《いだ》かれて
　今　本当の命を生きています
あの世のことは

遠い昔の出来事でございました

32

わたし
　あなたのおみ足に口づけをいたします
わたし
　あなたのみ許に座っているだけで
　ただそれだけで充分なのです
あなたはあまりにも優しすぎて
あなたはあまりにも偉大すぎて
　人間であるわたしなどでは
　とても足元にも及びませんのに
あなたはわたしを掬い上げて
　わたしを選んでくださったから
わたしはあなたのみ許に座って
　恥じらいと悦びで震え

わたし
　あなたのおみ足に感謝の口づけをいたしましょう

わたし
あなたのみ許に座って　ただそれだけで充分で
あなたのお力の偉大さが
　わたしに伝わってくるのです
わたし
　あなたのおみ足に感謝の口づけをいたします

33

あなたがわたしにくださった結婚の指輪は
白光《びゃっこう》にかがやく透明のリング
あなたはそれをわたしの魂にかけてくださった
わたしの魂はあなた色にかがやき
天使に囲まれて天に上げられた

魂は今あなたのみ許に
あなたのみ言葉に包まれて
あなたのみ胸の中で安らぐ

・

あなたから送られた結婚の指輪は
白光に輝く透明のリング
永遠の命を生きよと
あなたが思いを込めて贈ってくださった
魂はいま天に上げられ
永遠の命を遊んでいます

34

花嫁はいま天国に遊ぶ
あなたと二人
飢えもなく　渇きもなく
ただ安らぎの中で

永遠の休息に身を横たえる

花嫁はいま天国に遊ぶ
あなたと二人
生きることもなく　死ぬこともなく
あなたのみ摂理に従って
異次元の命に甦り生きる

花嫁はいま天国に遊ぶ
あなたと二人
遠くかなたに　空間と時間を超えて
あなたに選ばれ　終末の裁きを免《まぬが》れて
あなたの似姿で天国に遊ぶ

『全能者キリスト』

八句

主の在《おわ》す （一九九六年二月十一日〜二月二十七日）

「主の在《おわ》す」

（二〇二三年五月二十八日）

「主の在《おわ》す」の句は、大陸の乾いた風土から生まれた聖書の神さまと、湿気の多い柔らかな日本の風土で思う聖書の神さまとでは、同じ神さまでもとらえ方がずいぶん変わっているように思い、日本的に神さまの表現をしたいと思い創った句である。「花嫁の詩《うた》」を作った六年後、私が五十六歳の時の句で、私の内でまだ完全には信仰が固まっていなかった時期であったとは思うが、これを書くことによって、聖書の神さまもこんな風に日本的に表すことができるのではないかとの自信を持てたような気がする。この句の六年後、二〇一一年には「信仰宣言」の和歌を創ることができた。

その意味で「花嫁の詩《うた》」同様、私の信仰の歩みの中で大切な時期の句であったと思う。

私は、五、七、五だけで言い切る俳句が好きで、特に松尾芭蕉の〈閑《しずか》さや　岩にしみ入る蟬の声〉〈古池や　蛙飛び込む水の音〉〈山路きてなにやらゆかしすみれ草〉等々には神さまの閑《しず》かさを感じるし、与謝蕪村の〈菜の花や月は東に日は西に〉〈五月雨や大河を前に家二軒〉〈五月雨をあつめて早し最上川〉等々には神さまの雄大さを感じる。小林一茶の〈やれ打つな　蝿が手をすり足をする〉〈雀の子そこのけそこのけお馬が通る〉〈我ときて遊べや親のない雀〉〈痩せ蛙負けるな一茶これにあり〉等々にも、神さまの持つ、全ての小さきものへの優しさと慈しみを感じるのだ。まだこのほかにも沢山の句があると思う。そして、これらのどの句にも俳人たちの心に潜む〝神さまの心〟を感じるのだ。それは決してキリスト教の神さまと別のものではなく、日本では仏教的と言う方もおられるかもしれないが、宗教の教派を超えた人間の心奥に潜む宗教的な何かを、仏教とかキリスト教とかを超えた全ての人間が持っている真、善、美への希求を、日本の俳人たちが表そうとした句であるように思えてならないのだ。

私は俳句の創り方を学んだことはなく、ただ思いつくままに五、七、五の文字を並べただけのものであるから、句として成り立たないものもあろうかと思う。こんな句の中からでも、美しく豊かな自然を与えられた日本人一人ひとりが、教派を超えて、人間誰もが持つ人間の心の奥の、奥底《おくそこ》にある何か〈信仰心〉を発見していってほしいと願うのである。ほんの少し、急ぎすぎる日常を立ち止まり、美しい自然の中にこうして生きていることに感謝し、〈ありがとう〉を念じながら、ご自分の心の奥底にある〈何かを希求する信仰心〉を育んでいってほしいと願う。

＊　＊　＊

プロローグ

空見れば空見て確《しか》と主の在す
山見れば山見て確と主の在す
海見れば海見て確と主の在す
日が照れば日の照り確と主の在す
雨降れば雨降り確と主の在す
雪降れば雪降り確と主の在す
風吹けば風吹き確と主の在す
春は春　夏は夏　秋は秋　冬は冬
雲は雲　鳥は鳥　花は花　虫は虫
去年今年森羅万象主のみ手の中

しみじみと青空眺め主の在す

一九九六・二・二十七

一九九六・二・十一

＊　＊　＊

神さまと林檎見ている冬ごもり
聖霊が降りて咲きたる梅一輪
水仙の土盛り上がる神の業
雪に紅《べに》　神の囲いの寒牡丹
陽だまりに神と語らう老爺あり
厳寒の御堂に祈る老爺あり
神さまと日向ぼっこの福寿草
陽だまりに主と聴く雪の子らの声
巣づくりのつがいの鳩に神の愛
神さまの引っ張るように秋陽落ち
聖霊の姿にも似た白木蓮
菜の花や　見渡すかぎり神の色
アマリリスのびのび伸びて神姿

神さまの通りすぎるや　麦の風
雪止みて白一面の神の朝

一九九六・二・十二

涼風にふとよこぎりし神を見る
カッコーの声澄みわたる神の里
あげひばり讃美歌うたう神の里
大空を舞うとんび神の懐
あめんぼうイエスの如く渡りけり
幼子の差し出すもみじ神のみ手
泣く赤子あやすエノコロ神のみ手
蜘蛛の糸まっすぐに垂れ主の摂理
温かき神に向かって咲く菫
薄《すすき》野《の》は見えない神に首《こうべ》垂れ
主のみ手で水面《みずも》きらめく春の海
初雪が神の衣の富士の山
竹の子の主に届かんと天に伸び

20

聖霊に包まれて舞う蝶一頭
ゆずり葉の神のみ手にてはらり落ち

一九九六・二・十三

ポインセチアずらり並んで主の季節
雉子《きじ》一声神の閑《しず》けさ破るなり
蝮草《まむしぐさ》エバを誘った後姿
冬日暮れからすも帰る主のねぐら
春嵐《はるあらし》天の怒りか波叫ぶ
鳩の二羽啄んでいる主の平和
お御堂に通じる道に冬の鳩
主の姿見ゆる稲妻走る先
零《こぼ》れ陽が主のきらめきの夏の道
夕立が残す青葉や主の緑
つかぬ間の神の渡れる虹の橋
天空に神のみ手見る天の川
神さまに吸い込まれたる冬銀河

主が空に張りつけられた冬の月
渡る鴈　主の連隊に夕日暮れ
ホーケキョと春告げ鳥の主の布告
神さまと連れ立って行く復活祭
ご復活　姿見ゆるや春の滝
ホウ梟お前も神が恋しいか
聖霊と共に降り立つ鶴丹頂
秋刀魚焼く匂いも嬉しい主の平和
真っ直ぐに行く孵化《ふか》の亀　主の神秘
主の愛の零れるように蓮の露
神さまを求める如く鳴く千鳥

50

一九九六・二・十四

神さまと独り遊びの月うさぎ
胡蝶蘭《こちょうらん》　神の姿の如く咲き
聖堂に抱《いだ》かれて舞う群れトンボ
風光る麦の畑を行くイエス

春風を残して神の通りすぎ
金魚跳ね霊が教える春近し
神の香《か》の匂う故郷《ふるさと》　梨花《りか》一面
春うらら辛夷《こぶし》の小道神と行く
天使たち水車《すいしゃ》回して水しぶき
主の雨を待って芽を出す柳かな
雪解けて光の中の福寿草
ジョッキ酌み交わす友だち神も居て

一九九六・二・十五

水ゆるみ神の如くに行く大河
雪光る稜線に見る主の姿
渓谷に主の閑《しず》かさや山あざみ
藻の花の神の流れに身を任せ
金柑《きんかん》の甘煮《あまに》神の香とび散りぬ
神の声聴く立ち姿花菖蒲
幽谷に神と遊ぶか這う小蟹

神の愛ほどに澄みたる冬湖水
薔薇の陰　主に外れたかくねる蛇
神さまの匂い懐かし沈丁花
神さまが春告げている黄水仙
聖霊を低く集めて春霞
薫る風　神の情けの沁みとおる
若鮎や　聖霊が飛び跳ねており
主の愛を育んでいる親燕
野茨や主の苦しみを知らしめよ
たんぽぽとすみれマルタとマリアかな
寂しさやカナカナ蟬の神を呼ぶ

一九九六・二・十六

聖霊の風に任せてススキかな
主にその身託して春の長き雲
天を指す大岸壁に冬かもめ
陽炎や　短き命主と共に

啄木鳥《きつつき》の神呼ぶように叩きおる
生まれたる仔馬立ちたる主の力
群れ遊ぶメダカも神に操られ
復活のイエス証《あかし》す羽化《うか》の蝶
織姫の輝きに主を仰ぎ見る
清風に揺られて咲くや金鳳花《きんぽうげ》
どんぐりの主の手の平に落ちにけり
薄日射す御堂に迷う雛燕
主の恵み有りて命の空気花
カタクリの主に首《こうべ》たれ咲きにけり
鳳仙花《ほうせんか》割れて主の種蒔きにけり
鳴く蛙《かわず》主への賛美か大合唱
潮干狩り恵み掘り出す賑やかさ
恵み雨唐松《からまつ》の芽の緑かな
目覚めれば闇に光の蚊帳《かや》蛍
ちちろ虫か細く鳴くは主の祈り

夜の深けて閉じる聖書にキリギリス
主の時の来たりて蓮の花開く
朝顔の咲き揃いたる恵み朝
神の火の真っ赤に燃える彼岸花
迷うてる羊も見える詰草《つめくさ》野
座禅草《ざぜんそう》神を想いて据《す》わりおり
十字架に鳩止まりおる秋の暮れ
十五夜を主に誘われて一回り
仙翁花《せんのうげ》赤きに神の血を見たり

110

一九九六・二・十七

泣きぬれて主に会いに行く百合小径
たっぷりと主の雨含みねこやなぎ
夕菅《ゆうすげ》野《の》　天に続くかこの小道
蜘蛛の巣の見事にかかる神の知恵
ゆったりと旅のザボン湯主も共に
主の愛も散りばめながら花吹雪

神さまが愛を運んで降る小雪
星の降る　主の不思議降る天の川
草露の一滴落ちて主の泪
暗雲の近く受難の間近なり
里芋の葉に降れる雨　主の泪
主の光見せて一面夏の海
五月《さつき》晴れ　そよ聖霊に泳ぐ鯉
柘榴《ざくろ》割り主の不思議さを眺めおる
主の御堂　石楠花道《しゃくなげみち》の先に在り
天高く主の足跡か雲二つ
元旦や　神が運んだ初日の出

一九九六・二・十八

秋の雲　主に想いはす白さかな
聖霊に並べられたか鰯雲
夏の土たちまち慈雨を吸い込める
犬と我　主と囲んで居　掘り炬燵

夏山に主との出逢いの泉かな
悪しき世を包み込むのか春の雪
春の雪　暗黒の世を覆いけり
イエスさま菜の花畑の中に居り
復活のイエス信じる花畑
主の神秘　想い出させて鮭帰る
聖霊に操られおり鮭の群れ
蜜蜂の巣に見る不思議　神の業
さぎ草の天使想わす咲き姿
立ち芙蓉　道を正して咲きにけり
マリア像　追われカマキリ匿《かくま》える
水芭蕉　主のせせらぎに咲きそろい
聖霊を集めたように春光る
月影にイエスの見える神無月
イエスさまの足に口づけ春の蘭
こぶし咲く彼方に見える主の御堂

遠い灯を目指して闇夜の冬の道
聖霊の雨に生気のキャベツ畑
一面の群れたんぽぽに聖霊の降る
てんとう虫冬ごもりするマリア像
乱れ世の如く落ち葉の舞い上がる
世の奢り　風に落ち葉の乱れる如く

一九九六・二・十九

160

こんこんと湧く聖水や　冬泉
清風に愛《め》で愛《あい》されて紋白蝶《もんしろちょう》
キャンプの火囲んで語る主の恵み
主も在《おわ》すキャンプファイヤー華やげる
岩ほこら紅椿咲くマリア像
高富士も神の真下の五月晴れ
主の在《おわ》す　大岸壁の駒草や
おまえにも神の命の葉虫かな

山吹の倒れかかるやマリア像
主の像に寄り添いて咲く霞草
長閑《のどか》さや　主の休息の春の海
主の神秘映して池の月閑《しず》か
霊宿り玉ねぎの芽の伸びたるや
神さまと仔犬じゃれてる雪遊び
主の聖を見習いておりしずか草
草原に駿馬跳ねたる神嬉《うれ》し
凛々《りんりん》と主の厳しさの寒の朝
収穫の賑わいの田にイエス居り
真っ直ぐに立つリンドウの神姿
定めなる受難に捧げる黄水仙
赤々と主の統《す》べりたる山紅葉《もみじ》
ぶんたんの豊かに実る主の御堂
お御堂に霊降る如く散る銀杏《いちょう》
この道のどこまで続く枯野原

北風を受け止めて行くミサの朝
りんご花《か》の一面匂う復活日
トリカブト影に潜める蛇の居り
大水や　出エジプトを想わせて
洪水も主のみ力を知るや良し

主と共に朝顔数え通る路《みち》
松の芽に風渡りおり主の気配
朝ぼらけ微《かす》かな光　受難節
春雷の一閃光《いっせんこう》や御堂射す
受難節　お御堂揺るがす雷のあり
受難節　月見え隠れ雲走る
十字架のイエス見上げて秋寂し
秋蛍　十字架上の主の命
木犀の匂いで神の心知る
蝸牛《かたつむり》　信仰の道行く如し

一九九六・二・二十

190

復活の瑞々しさや　羽化《うか》の蝶
黒烏《くろがらす》　御堂の柿を盗みおり
ユダのみが悪いと言うか　梟《ふくろう》の鳴く
火の恋し　人より尚も主の恋し
温もりを主にも捧げん梅一輪
聖の子の飾りたてたる七・五・三
老羊《ろうひつじ》低く鳴くなり　過越夜《すぎこしや》
小雀のマリアの像に一羽二羽
園児たち花捧げ持つマリア祭
神の血の犠牲で咲くかカンナの緋
主の命燃えつくし咲くカンナの緋
一匹の食む羊見え秋哀れ
秋草の楚々と咲きたる御堂前
葦の陰　古《いにしえ》の籠ふと探す　（出エジプト記）
馬小屋に命《せい》受けた仔のすぐに立ち
立ち上がる仔馬にイエス重ねおり

花冷えの主に蠟燭《ろうそく》の火を灯す
春雷や　イエスの叫び遠く聴く
秋草の寂しさに行く教会堂
天使たち桜かがりに上り下り
雷閃《らいせん》や　今　正にイエス消ゆる見る
激雷《げきらい》の割る天空にイエス見る
新生を知って枯れいく小麦かな
トンネルの出口一面桃花《とうか》あり
探す子を百合の御堂に見つけたる
月冴えてイエスの知恵の閑《しず》かさや
澄める湖《こ》は微動だにせぬ主の深さ
変容の光眩しや　白樹氷
茶摘み歌　イエスも畝の中に居て
大空を主の舞う如く大滑走
ホオズキや　真の赤き実隠しおる

220

一九九六・二・二十一

柏葉で包む優しさマリア月
緋のカンナ　主の激しさで天を指す
聖霊の風花《かざはな》受ける子らの声
吹雪路《ふぶきじ》を遠くに光ありて行く
雪原を真っ直ぐに行き教会堂
軒下のつらら解かせる慈光あり
長閑《のどか》さや　春の灯《ともしび》主のみ手に
御渡《みわた》りの一本の道になりにけり　（諏訪湖）
切干しの籠いっぱいに光受け
慈光受け深緑《ふかみどり》なる初の海苔
氷壁の天地を結ぶ如く立つ
降誕の陶器の桶に雪かかる
子らの声　神の手になる風車《かざぐるま》
喜びに木々の葉そよぐ復活日
しゃぼん玉イエスの命想わせて
微風《そよかぜ》に松の芽青く白衣《びゃくえ》の日

赤まんま食べ遊ぶ子に光射す
一閃《いっせん》に首《こうべ》垂れたるイエス見る
主の白光《びゃっこう》映し輝く冬の峰
囀《さえず》りの一頻《ひとしき》りあり復活日
寒の波　道の如くに寄せ返す
滔滔《とうとう》と落ちる飛沫《しぶき》や十の戒
見習わん　葦の流れの従順を
月冴えて山まで至る路を行く
花冷えに主の忍耐で抱《いだ》く鳩
雪晴れて　今　天国の光かな
ゆっくりと朝もや開けて光射す
灼熱の道行きて着く主の御堂
神さまの炎の燃える彼岸花
カトンボや　水面に円光《えんこう》描き落ち
我が姿　塵と見ており野焼き跡

（修行の道）

250

一九九六・二・二十二

味わいて信仰に似て初するめ
はらはらと主の涙する落葉かな
焼く草にモーセの姿幻覚し
金木犀　神を匂わす懐かしさ
凍み音に神呼ぶ声を聴いており
白樹氷　神姿して輝けり
かぶりつく初の胡瓜の神の味
抱き上げて神の温もり春仔猫
教会の白萩小さく咲きにけり
秋寂し　寂し　寂しのイエスさま
粛々《しゅくしゅく》と主の顕れる夏の滝
赤々と灯《ひ》の灯《とも》りたる復活日
枯落葉　主のみ摂理を果たしおり
誘惑の蛇《へび》穴を出る薄明り
花摘めば蛇《じゃ》の出る原に迷い込み
首《かま》上げる蛇《へび》に子蛙うずくまる

蛙飲む蛇《じゃ》の口ラッパの如くなり
蛇《へび》絡むぬめぬめしきや真昼時
狡猾《こうかつ》を隠して泳ぐ蛇《へび》静か
どくろ巻く蛇《へび》らんらんと見据えおり
何狙う大蛇《だいじゃ》木を這う昼下がり
青りんご取る足元に大蛇おり
石垣の蝮《まむし》叩きて哀れなる
ながむしの狙うは白き羽の鳩
這う蛇や　背きし訳を言い得るや
縄蛇《なわへび》のどぼんと古い池に落ち
春の野に蛇《へび》這い出でて遠回り
原罪を知るや知らずや穴惑《あなまど》い
天空に見ゆるは星か天国か
ご復活懐かしく待つ主の季節
白衣《びゃくい》のシスターしゃっきりしゃんと立つ
聖顔が並ぶ甘酒ひな祭り

どの顔も聖顔になる受難の日
聖顔に春日《はるひ》の映る主の御堂
主の国をまどろんでおり春の宵
イエスさまがそこに居られた春の夢
イエスさまと真っ直ぐに行く春の夢
冴え返る十字にイエスの哀れ見る
春眠や　哀れイエスに逢《お》うており
春寒《はるさむ》にころも貸したしイエス像
育めば朝顔の芽の殻割りぬ
秋晴れや　何処《いずこ》に神の在《おわ》します
みずすまし水上《すいじょう》を行く主の如し
信仰はまっさらさらの秋の空
信仰は大河に至る細き川
信仰はしゃくとり虫の歩く様《さま》
信仰はぼったり落ちる大椿
信仰はしんしんと凍る夜に似る

（転ぶ）

信仰はすっきり切りと桔梗花
信仰はのびのび伸びる葡萄蔓《ぶどうづる》
信仰はとろりと温《ぬく》い暖炉の火
信仰はこんこんと湧《わ》き出《で》る泉
信仰はひっそり夏の真昼時
信仰は深々と冬の湖
信仰は微動だにせぬ冬の石
信仰はゆったりとして春の河
信仰はまっすぐ垂れる蜘蛛の糸
信仰はあるがままなる糸柳

一九九六・二・二十三

信仰はあっと言う間の隼《はやぶさ》
信仰はねんねん温《ぬく》いおんぶの背
信仰はくるり回って深《み》雪《ゆき》晴《は》れ
信仰はハマグリ開く塩の水
信仰は油断大敵冬の火事

信仰は夕立雨の友の傘
信仰は力入れない水泳法
信仰はとろけるような春の朝
信仰は古木の下で休む様《さま》
信仰はずっしり重い梨の様《さま》
信仰は薄氷《うすごおり》踏む湖面なり
信仰は真夏の昼に灼《や》ける道
信仰はよく見極めて鬼火あり
信仰はうぐいす春を呼ぶ如し
信仰は薔薇の刺抜くもどかしさ
信仰は出るに出られぬ冬炬燵
信仰はすぐに消えゆくシャボン玉
信仰はゆったりとある春の海
信仰はみな向いて三色菫
信仰はちちろ鳴くよな密《ひそ》やかさ
信仰はたわわに実る黄金稲《こがねいね》

330

信仰はかんかん照りに水を打つ
信仰はぴりりと効いた本わさび
信仰は雪解け水の走る様《さま》
信仰は死して顕《あらわ》る麦の種
それほどに命惜しいか冬の蝶
我許せ　折りし野菊に話しかけ
瑠璃草《るりそう》の密《ひそ》かに咲けり四旬節
ねむの木の眠りにつきし主の夕べ
遊歩道　子の戯れるマリア像
子ら捧ぐ花清くしてマリア像
ロザリオのバラの香匂うマリア像
すずらんも楚々と寄り添うマリア像
子らの声賑やかになりマリア像
マリア像かすめて下りる初つばめ
樫の木の豊《ゆたか》に揺れて神の愛
見渡せば見渡すかぎり主の青葉

青麦を踏みながらふと主の祈り
そうそうと天に至るや老欅《ろうけやき》
菜の花や　見渡すかぎり主の平和
花の散る聖霊の散る主の平和
主と共に今日の眠りのねむり草
紅葉が主のキャンパスの秋の山
主の貼り絵見ているような山紅葉《やまもみじ》
主の知恵をもって育む燕かな
青麦の畑《はた》一面に主の平和
急に鳴き主が呼んだのか夜鷹《よたか》かな
万作の花輝ける主の平和
ぜんまいの主の挨拶を交わしおる
何もかも主に任せおりすみれ草

どの顔も光の中の一年生
残雪の富士より高く主の平和

360

一九九六・二・二十四

摩周湖よりも深く澄み主の平和
叩きだす刀より熱く主の平和
亀潜る海より深く主の平和
主の平和　我が寒体《かんたい》に沁み込める
幽谷《ゆうこく》の苔より閑か主の平和
主の平和炎天の炎の如し
主の平和泳いでいるか鮎の群
神さまと恋の道行　受難節
考える葦も及ばぬ神の愛
神の愛こぼれるように萩の散る
温《ぬく》き湯に包まれて知る神の愛
金魚鉢愛《め》でるしぐさの主の姿
盆栽を育むように神の愛
主が見つめ小雀遊ぶ昼下がり
しんしんと神の音する凍る夜
第九タクトの止みて神の静寂

歓喜の歌　後に残れる神の寂《じゃく》
刺《とげ》持ちて咲ける茨も神の内
十五夜の神秘にはまり一回り
この世とは摑めば逃げる水の月
確かさは主の十字架の受難道《じゅなんみち》
確かさは我も死に行く落葉かな
確かさは主の復活の芽吹きかな

この世とはすぐ散る花を愛で狂う
鳴き騒ぐ椋鳥《むくどり》に似てこの世かな
山吹のならぬ実求むこの世かな
鮎の群れ神のタクトに操られ
赤とんぼ主への賛美か群れ集う
野も山も春たけなわに主を祝い
葱坊主そろって天が恋しいか
冷たさも神の恵みの冬の雨

390
一九九六・二・二十五

雹もまた恵みと思い夏の冷
為せば成る　石に咲きたるすみれ草
冬銀河突き抜けていき主に出逢う
誰も見ぬ春そよ風に主の匂い
神そこに降り立つような夏の風
寂《じゃく》として主の忍び寄る秋の風
冬の風りんごほっぺに主が笑い
主が立ちて呼んでるような雪野原
人の手の及ばぬが良し雪野原
雪原と空の間の神の国
雪原に神以外には人の無し
野あやめのきりりと立ちて主の構え
全身に主を浴びている森林浴
血の玉を主も落とされし　玉の汗　（イエス　ゲッセマネの祈り）
信仰の細く流れて冬の川
霧晴れた如く悟れる主の教え

霧切れてさっと広がる光かな
花捧げ主の復活の春日和《はるびより》
春の朝うつらうつらと主に出逢い
春の空　主の描きたる雲一つ
こがね虫死してみ国に帰りしや
すじ雲や主の一筆で描かれし
山暮れて宵待草の神を待つ
また摂理ウツボカズラに蝿《はえ》の落ち
蝸牛《かたつむり》光向《こうこう》へ真っ直ぐに這い
一生はイエスの命蟬《せみ》の生《せい》
飛び込める蛙《かわず》の如く神に落ち
閑《しず》かなる炎を秘めて花ダリア
芯に主を秘めているのか吾亦紅《われもこう》
ソラマメの発芽に神の助け見ゆ
主の衣《きぬ》にまつわるように蝶の舞う
霜柱踏みしめて行くミサの朝

蒔いた種今日が発芽の復活日
春盛り大地すべてが神の内
枯れ野原寂寂《せきせき》として主の恋し
梅の香の古里恋し　主の恋し
山恋し　里山恋し　主の恋し
炉火《ろび》恋し　父恋し　なお主の恋し
いとおしむ母の手恋し　主の恋し
愛《いと》し児の骸《むくろ》抱きしめ主の恋し
忍《しの》び草《ぐさ》　男《ひと》より恋し主の恋し
長き夜　人より恋し主の恋し
星冴えて我飛翔せり主の中に
干し草にうつ伏して主の匂いあり
里暮れて主の温もりの夏の石
名月を主と共に見る旅の夜
沈丁花匂いて神の愛想う

440

一九九六・二・二十六

氷柱《つらら》解く陽《ひ》の優しさの神の愛
吾亦紅《われもこう》　その心中に神宿る
葉ぼたんの花なくて咲く主の教え
楚々と咲く水木《みずき》の花に神の座す
主を慕い真っ直ぐに行く冬の道
霰《あられ》降る茨小道も主の小路
光射しさっと広がる牧場道《まきばみち》
静まりて愛の眠れる冬の海
氷下には愛を隠して冬湖面
桃の香の薫《かお》れる畑《はた》に主の気配
薄氷《うすごおり》　主の鋭さを持っており
温もりて炬燵の中で主と二人
泣きぬれて神のみ前の霞草《かすみそう》
せせらぎに素足踏み入れ主と遊ぶ
鶯の遊ぶ楽園梅満開
握る手に主の灯《ともしび》の蛍おり

蛍火の消えいりそうで尚消えず
愛《め》る人と愛《め》られる蝶の神と人
さりげなく戴く蘭に主の香り
神さまが手に持っている月明かり
ねこやなぎ枝先に見る温かさ
糸杉にノアの箱舟幻覚す
アカシアの香《か》にモーセ道ふと思う
主の箱の香り立つアカシアの道
野イチゴの実りに想う燃える柴
あげは蝶マリア薊につと止まり
迷わずに咲けり野原のアネモネ花《か》
青空や　主を想いつつ葡萄摘む
葡萄畑そこにイエスの在《おわ》せられ
神さまが転げ落として秋日暮れ
初日の出　主が持ち上げて昇りくる

470

一九九六・二・二十七

たっぷりと光含んで春の風
暗雲を開き輝く夏の風
侘《わび》しさを主の誘《いざな》える秋の風
一死以て主に奉ずるや　冬の風
恋し主とつくつく法師《ぼうし》の鳴く哀れ
花に風　月に叢雲《むらぐも》　主には人
春朧《はるおぼろ》突き抜けて行き主に出逢う
夏雲の峰の向こうに神の国
主の業か綿になったり秋の雲
冬の雲分けて射し込む光あり
東風《こち》吹きて神の香りの広がりぬ
涼風《すずかぜ》が神の嬉しさ運んで来
秋風に神の哀れを想いけり
木枯らしの冷たき中に主の希望
羽風さえ主のみ手うちに留まりぬ
吹《ふ》き荒《すさ》ぶ時化《しけ》にも神の摂理あり

時化《しけ》荒れて神の鎮めの時を待つ
時化《しけ》返し神のみ旨に辿りつき
冬凪《ふゆなぎ》や　神の鎮めの行き渡り
涼風に誘われて主の胸の中
蕗のとう主の瑞々しさを讃《たた》えたり
松虫のチンチロ鳴いて神恋し
蝶舞えば神のこの世に在《おわ》します
挿し木してこの世に神の根付かんを

＊　＊　＊

付

父と子と聖霊遊ぶ春の原
すずらんの小さく咲きて主の白さ
懐かしい主の名のように翁草《おきなぐさ》
ゆったりと春の流れに主の在《おわ》す

主に咲いて主に散りゆける桜花
ドクダミの十字に見ゆる白さかな
青々と茂る教会此処に在り
教会の茂る牧場に羊鳴く
教会は緑の茂み抱きかかえ
山茂り　庭茂り　教会茂る
万緑《ばんりょく》の教会に立つイエスさま
教会を茂らしめるが主のみ旨
夏草や　嗚呼　教会の茂らんを

独り居で歌合戦を聞く晦日
独り居で句作している晦日かな
主が包み雀二羽添う冬木立
掃きだめに咲ける一輪の水仙
主に感謝　深紫《ふかむらさき》の葡萄摘む
夏の海　神に感謝の今日が暮れ

夕暮れの神も居られる鬼ごっこ
ひんやりと檜林《ひのきばやし》に神を聴く
ちちろ鳴く　イエスの命惜しむのか
ちちろ鳴き神の恵みの日が暮れる
鈴虫の澄みわたり鳴く神の夜
虫の声小さきものの主の命
野草《のぐさ》活け神の命を眺めおる
野イチゴを頬張り想う主の恵み
地虫《じむし》鳴くもとより神の居る処
黄昏《たそがれ》に主の日を惜しむ秋の蝶
燕去り主が賞賛の巣を残す
主も赦す　蛙飲みおる青い蛇
サクランボ頬張る稚児に主の笑い
野茨に受難を想い襟正す

あとがき

私はほとんど本を読まない。いつ頃かは忘れてしまったが、二、三十年位前からだと思う。興味が持てるのは聖書だけで、この頃では聖書さえろくに読んでいない。たまたま手元にありめくってみて引き込まれるとその本だけは読破してしまうが、そのような本を求めて図書館や本屋に行くことはなく、この世のどんな本よりも聖書に引き込まれるからそれでよいと思っている。特にこの頃では目が弱くなってイコンを描くことだけで精一杯になり、文字を読むことが億劫になってしまっている。

このように学問を本格的に学んだことのない私が、どなたかに読んでもらいたいと、本を出版することなどあまりにも僭越、無謀なことだとの思いもあり、出版には最後まで強い躊躇いがあった。この書き物の多くは、初めから本にしようと書き始められたものではなく、ある日突然、これだけは書き留めておかなくてはならないと、身体《からだ》の奥から込み上げてくるものがあり、その思いに促されて、押されて書き始められたものばかりである。日常の生活の中でもやもやと私の身体の中でうごめいていた思考というか、感性のようなものが、散歩中とか食事中とか、あるいは目覚めの時とか、とにかく急に閃いて、これだけは書き留めなければならないと書き出されたものばかりである。そして傲慢にも私は、これは二十歳の時のあの何か（光）が、私に仕向けてやらせようとしているのだ、との思いに駆られてしまうのである。

この本の出版も、こんな下手な生き方はこの世では煙たがれるだけだとの思いもあったが、やはり何かに促されるような思いから出版することにした。事実、私がキリスト教の洗礼を受けた頃、ある聖職者の方が、〝生き方が下手だ〟と私を評したことがあった。私はこの世で一番下手な生き方をしたのはイエスさまだと思っていたので、〝イエスさまに倣いなさい〟と教える聖職者がこう言われたことに訝しさを感じたものだ。もちろん、その方はこの世での下手な生き方をする私を慰め、励まそうと思って言ってくださったのだが。

いつの時代も世界中どこでも、生きることには苦労が付きまとうし、生きることは難しい。いつの時代でもそうだが、特に今世紀の文明社会のように、ますます顕著化している〝もっと快適に、もっと楽しく、もっと便利に、もっと強く、もっと出世して、もっと金持ちになり、もっと権力を持ち、もっとテリトリーを広げて〃等々、〃もっと〃が付く多くの欲望を満たして、〃もっと上手に生きることが良い〃と思われている世の中では、私の生き方に疑問を持つ方がおられるかもしれない。

ただ、私がお伝えしたいのは、全ての人々が、自分が置かれた場所で日々を感謝の気持ちで、〈ありがとう〉と言いながら生きてほしいということだけである。全ての人々が死を迎える時、〈ありがとう〉と言って人生を終えられますように、と願っているのである。

先日、テレビである脳科学者が、認知症にならないための言葉の使い方を話しておられた。彼の話では、否定的な言葉の後には、必ず〃でも〃をつけなさい、ということであった。〈ああ、疲れた〉〈でも、汗をかいてよかった〉〈でも、今夜はゆっくり眠れそう〉〈でも、また頑張れそうだ〉等々、〃でも〃の後に肯定的な言葉がくるからそれを言うと前頭葉が働いて、それが認知症の予防になるということであった。私は、個人的にもう一言を付け加えておきたい。〃どうせ〃と言わないことである。〃どうせ自分なんか、どうせこんな年だから、どうせ強くなんかないし、どうせ能力もないし、どうせこんな世の中だから〃等々、〃どうせ〃の後には必ず否定的な言葉が出るものだ。私の亡夫も結婚当時、〃どうせ〃を連発していた。ある時、〃どうせ〃を使わないように指摘すると、彼は〃どうせ〃と言わなくなり、だんだんに自身を肯定的に捉えるようになっていった。夫の場合、認知症予防ではなかったが、常に発する言葉は、時に生き方を支配するまでになっていく大切な要因だと思っている。この脳科学者は最後に、最も認知症予防に効果がある言葉は、〈ありがとう〉であると言われた。認知症予防だけではなく、常に〈ありがとう〉を念じていることで人生が変わっていくものだと思う。

私の今日までの人生は、ただ二十歳の時の〝光〟に取りつかれての歩みであった。若い頃には苦しさのあまりこの光に抵抗したこともあったが、その時期にも、あの時、聖書のたった三つの言葉を知っていただけの無知な私に、〝光〟自らが降りてくださり、全ての人間は何か（光）の前で平等であることを私の魂に叩き込んでくださり、真、善、美の真理を私に直接ご教示してくださったことへの有り難さは、忘れられるものではなかった。訳も分からずに、私はこの方、〝光〟に愛されているというこの上ない悦びで、〈ありがたい〉と思えたことが私のこれまでの人生を支えていてくれたような気がする。どんな苦しみに出会っても、イエスさまの歩んだような聖書の御言葉で生きたいと思っていた私に、必ず道は開けて、その時、苦しさは全て忘れ去られて限りない悦びに満たされ、〈ありがたい〉と祈るのであった。この本をお読みくださった方々が、日々を〈ありがとう〉の言葉で生きてほしいと心から願う。もし、今、生きることに苦しまれていても、必ずやもうすぐ、〈ありがとう〉と言える日が来ることを信じて、念じて乗り切ってほしい。

最近、気にかかる報道があり付け加えておきたい。アンドレイ・ルブリョフが描いた世界的に有名な「聖三位一体」のイコンは、損傷が激しく保存のために強い反対があったにもかかわらず、六月八日に、トレチャコフ美術館からクレムリンに近い東方ロシアキリスト教会のモスクワ総主教直轄の〝救世主キリスト大聖堂〟に移されてしまった。ロシアにあるいくつかのイコンが、このように世俗権力である政治と聖職者の癒着により利用されてきた歴史がある。今回もプーチン大統領とキリル総主教の強い思惑の中での移転であったと思われる。厳しい戦争の中で〝イコンが奇跡をもたらす〟ことを信じての移転であったろうが、残虐な殺戮を繰り返しながら、一方でイコンに祈ることほど無意味なことはなく、これは単なる信心に過ぎない。イコンがこのように扱われることは、イコンによる本来の祈りからは全く外れており、改めて、政治と宗教との癒着は決してあってはならないと強く感じる。

宗教には、時にまやかしの宗教が現れ、人々の心を惑わし狂わす危険がいつも付きまとう。宗教は、ほとんど理性と言ってよいほどに理性的なものだ。まやかしの危険な宗教にはまらないために、どうか、一人ひとりが理性を持ってしっかりと真の宗教を見極めてほしい。そして、真の宗教を真摯に生き抜いてほしいと願っている。

ロシアが侵攻したウクライナ戦争はますます混迷をきたし、いつ終わるとも知れない。歴史上、戦いのなかった時代はなく、様々な紛争は途切れることなく続く。戦いをしなければ生きられない人間の存在に心痛の日々が続くが、いつかは必ず平和が来ることを信じて、世界中の指導者たちの平和への努力を信じて、世界中の人々が平和に向かって歩むことを信じて、原罪を持ちながらも、〝真・善・美の光〟を探し求める人間を信じて、だからこそ人間は救われているのだとそれを信じて、日々を生きたい。〝光〟が、私にこのことをこの世に伝えなさいと言っているように思われての出版であった。

この本の出版にあたり、最後まで出版を躊躇う私に勇気をくださり、丁寧にご校正くださり、私の拙い質問にも快く答えて支えてくださった毎日新聞出版の赤塚亮介氏に心よりお礼申し上げ、感謝申し上げます。

二〇二三年八月十五日　（聖母の被昇天・終戦記念日）

鞠安日出子

カバーおよび本書掲載のイコンは全て鞠安日出子の手による。

〈著者略歴〉
鞠安 日出子（まりあ ひでこ）

1940年 長野県生まれ。
1962年 東京学芸大学卒業。
1963～1968年 フランス・パリに滞在。
1992年 イコンを描きはじめる。
元朝日カルチャーセンター講師、東方キリスト教学会会員

（著　書）
詩　集『神さまへの手紙』燦葉出版社、1986年～1988年
随筆集『光の中を歩んで』サンパウロ、1999年
詩　集『あなたへの手紙』サンパウロ、2000年
短歌集『信仰宣言』サンパウロ、2004年
画　集『イコン　神の国に開かれた窓』日貿出版社、2007年
など多数

平和祈願《へいわきがん》　**天**《てん》**と地**《ち》**の狭間**《はざま》**を生**《い》**きる**

印　刷　2023年9月5日
発　行　2023年9月20日
著　者　鞠安日出子《まりあひでこ》
発行人　小島明日奈
発行所　毎日新聞出版
〒102-0074
東京都千代田区九段南1-6-17 千代田会館5階
営 業 本 部：03（6265）6941
企画編集室：03（6265）6731
印刷・製本　精文堂印刷

ISBN978-4-620-55017-6